COLLECTION DE MÉDAILLES

DES ROIS ET DES VILLES

DE L'ANCIENNE GRÈCE

Environ **10,000** monnaies grecques pour étude, à 20 et 50 c. pièce ;

500 grands, moyens et petits bronzes, à 1, 2 et 3 fr. pièce ;

Plus de **20,000** médailles, également romaines, des trois modules, à 15, 30 et 60 c. pièce.

Plus de **4,000** jetons de cuivre des règnes de Henri II, Henri III et Henri IV, Louis XIII à Louis XVI, à 5 et 10 fr. le cent.

Environ **3,000** jetons des villes et hauts fonctionnaires français sous les règnes précédents, à 20 c., 50 c. et 1 fr. pièce.

Ces pièces proviennent en grande partie de la collection de M. JEUFFRAIN, de Tours, que nous venons d'acquérir.

Il sera fait des envois à choisir de chacune de ces séries de médailles.

Paris. Imprimerie PILLET fils aîné, rue des Grands-Augustins, 5.

CATALOGUE

COLLECTION DE MÉDAILLES

DES ROIS ET DES VILLES

DE L'ANCIENNE GRÈCE

EN VENTE A L'AMIABLE

Avec les prix fixés à chaque numéro

DEUXIÈME PARTIE. — ASIE MINEURE

PARIS

CHEZ ROLLIN ET FEUARDENT, ANTIQUAIRES

12, RUE VIVIENNE

1863

DEUXIÈME PARTIE.

ASIA MINOR.

BOSPORUS CIMMERIUS.

PHANAGORIA (*Taman*).

4322. Tête de Bacchus, couronnée de lierre, à dr. ℞. Carquois en forme de harpe, enrichi d'ornements; dans le
champ, ΗΡΑΚΛΙ? en monogr.   Æ⁷   6 fr. et 10 fr.

4323. Autre, avec ΠΑΤΡΙ ?   Æ⁷   4 fr.

4324. Tête nue et barbue, à dr. ℞. ΦΑ. Arc et flèche.
                                  Æ²   3 fr. et 6 fr.

4325. Tête nue et imberbe, à dr. ℞. ΦΑΝ. Grappe de
raisin.   Æ²   12 fr.

COLCHI.

4326. Tête virile imberbe, avec de longs cheveux, à dr. ℞.
Tête de bœuf dans un cercle.   Æ²   2, 3 fr. et B. 4 fr.

DIOSCURIAS (*Iscuriale*).

4327. Les bonnets des Dioscures surmontés de leurs astres.
℞. ΔΙΟΣΚΟΥΡΙΑΔΟΣ. Thyrse surmonté d'une pomme
de pin.   Æ³   B. 30 fr.

PONTUS.

AMASIA (*Amassia*).

4328. Tête virile imberbe, casquée, à dr. ℞. ΑΜΑΣΣΕΙΑΣ
Carquois.   Æ³   4 fr. et 10 fr.

4329. ΑΥ. Κ. Λ. CΕΠ. CΕΟΥΗΡΟC. Buste lauré et drapé
de Sept. Sévère, à dr. ℞. ΑΔ. CΕΥ. ΑΜΑC. ΜΗ...ΕΤ. CΗ.
an 208. Aigle sur un bûcher; à g., un arbre. Æ⁹ B. 20 fr.

4330. Même buste. ℞. ΑΔΡ. CΕΥ. ΑΝΤ. ΑΜΑCΙ. ΜΗ...
ΕΤ. CΗ. an 208. La Fortune debout, à g.   Æ⁹   10 fr.

4331. Légende effacée. Buste de Domna, à dr., avec la
stola. ℞. ΑΔΡ. CΕΥ. ΑΝΤ. ΑΜΑCΙΑ. ΜΗ. ΝΕ. Π. Π. ΕΤ.
CΗ. an 208. Bûcher ardent sur une estrade carrée
                                  Æ⁹   6 fr.

4332. ΑΥ. Κ. Μ. ΑΥΡ. ΑΝΤΩΝΙΝΟC. Buste imberbe lauré

et drapé de Caracalla jeune, à dr. R'. AΔP. CEY. ANT. AMACIAC. MII. NE. II. IIO. ET CΘ. an 209. Caracalla et Géta debout, en toge, se donnant la main. POT⁹ B. 40 fr.

4333. . . . . ΓΕΤΑC. KAICAP. CEB. Buste à tête nue, drapé, de Géta, césar, à dr. R'. Type du n° 4331. Æ⁹ 12 fr.

4334. AY. ANTΩNEINOC. AYTOYCTOC. Buste lauré de Caracalla, à dr., tenant une lance. R'. AΔP, etc. Légende confuse. Buste lauré de Géta, à dr. Æ⁹ B. 15 fr.

AMISUS (Himiso Samsum).

4335. Tête de femme, à g., avec une couronne élevée. R'. ΠEIPA. IΓ'. H. Chouette vue de face. R⁴ B. 20 fr.

4336. Autre, avec ΔI. OΓ. ΠEIPA. R⁴ 10 fr.

4337. Autre, avec ΛPIΣ. ΠEIPA. R⁴ 12 fr.

4337 bis. Même tête, à dr. R'. ΠA, etc., en monogr. Même type. R³ 6 fr.

4338. Tête de Pallas, à dr. R'. AMIΣOY. Persée debout, vu de face, tenant la tête de la Gorgone, dont le corps est étendu à ses pieds. Dans le champ, ME et MAP. Æ⁸ 3 fr. et 4 fr.

4339. Tête laurée de Jupiter, à dr. R'. AMIΣOY. ΣΩ. Aigle sur un foudre, à g. Æ⁷ 10 fr.

4340 Même type, avec ANΔPI en monogr. dans le champ. Æ⁴ 1, 2 fr. et TB. 3 fr.

4341. Autre, avec AΦPIΓ? en monogr. dans le champ. Æ⁴ 3 fr. et B. 4 fr.

4342. Tête de Bacchus couronnée de lierre, à dr. R'. AMI-ΣOY. Ciste mystique et thyrse. Dans le champ, ΠPIH? en monogr. Æ⁴ 3 fr.

4343. Autre, avec ANΔPI et METI en monogr. Æ⁴ 3 fr.

4344. Autre, avec HPAKΛΓ? en monogr. (La tête effacée.) Æ⁴ B. 1 fr.

4345. Égide de Minerve. Au centre une tête de Méduse. R'. AMIΣOY. Victoire tenant une palme sur l'épaule et allant à dr. Æ⁴ 50 c. et 1 fr.

4346. La même, avec META? en monogr. dans le champ. Æ⁴ 50 c. et 2 fr.

4347. Autre, avec ME et un autre monogr. très-compliqué. Æ⁴ 1 fr. et 2 fr.

4348. Autre avec HAPO et META. Æ⁴ 2 fr.

4349. Tête jeune casquée, à dr. R'. AMIΣOΥ. Carquois. Æ⁴ 50 c. et 1 fr.

4350. La même. Dans le champ, ANIΓ en monogr. Étoile et croissant. Æ⁴ 2 fr.

4351. Autre, avec HPAKΛΙ? en monogramme, IB, étoile et croissant. Æ⁴ 2 fr.

4352. Autre, avec TAMAPK? en monogramme, IB, étoile et croissant. Æ⁴ 2 fr.

4353. Autre, avec HPAKΛΙΔ? et ΦΩ. Étoile et croissant. Æ⁴ 2 fr.

4354. Autre, avec HAΦ. Étoile et croissant. Æ⁴ 2 fr.

4355. Autre, avec HAΩ. Étoile et croissant. Æ⁴ 1 et 2 fr.

4356. Tête de Bacchus, jeune, à dr. R'. AMIΣOΥ. Thyrse. Æ³ 2 fr. et 3 fr.

4357. Tête virile casquée, à dr. (Persée?) R'. AMIΣOΥ. Pégase paissant, à g. Æ⁷ F. 1 fr.

4358. La même. Au bas, PHM? en monogr. Æ⁷ 4 fr.

4359. Autre, avec MP et ΔIIMHTRI? en monogr. Æ⁶ 2 fr.

4359 *bis*. AΥΤ. KAI. TPAI. AΔPIANOC. CEB. IIII. ΥΠ. Γ. Buste lauré d'Adrien, à dr. R'. AMICOΥ.......... Pallas debout, à g., la g. sur un bouclier. Æ⁴ F. 6 fr.

COMANA (Mermer Klissa, Gomanak).

4360. Égide de Minerve. Au milieu, tête de Méduse. R'. KOM. Victoire allant à dr., portant une palme sur l'épaule. Æ⁴ 8 fr.

4361. Tête de Pallas, à dr. R'. KOMAN. Type du nº 4338. Æ⁸ 12 fr.

HERACLEA.

4362. Lysimaque, roi. Type du nº 2386. Dans le champ, HPAKΛEΙ en monogr. et ΦIΛ également en monogr. Æ¹ B. 40 fr.

Voir aussi les nᵒˢ 4322, 4347, 4371 et 4353, qui nous paraissent avoir été frappés en signe d'alliance avec cette dernière ville.

PHARNACIA.

4363. Tête de Jupiter, à dr. R'. ΦAPNAKEIΛN. Aigle éployé sur un foudre; dans le champ, HAΔP en monogramme. Æ⁴ 2, 4 fr. et B. 8 fr.

PIMOLISSA (*Osmangik*).

4364. Tête virile imberbe, casquée, à dr. Ŗ'. ΠΙΜΟΛΙΣΩ. Carquois. Æ⁴ 30 fr.

REGES PONTI ET BOSPORI CIMMERII.

Dynastie des Spartokides.

EUBIOLE (*vers* 70 *avant J. C.*).

4364 *bis*. Tête diadémée de Persée, à g.; devant, la *harpa*. Ŗ'. BA. EΩ. Colonne hermétique à deux bras; devant, une palme; dans le champ, Z (Chalkous). Æ⁵ 40 fr.

De Koehne, *Descript. du musée Kotschoubey*, page 58.

MITHRIDATES VI EUPATOR (123 *à* 64 *av. J. C.*).

4365. Tête diadémée du roi, à dr. ΒΑΣΙΛΕΩΣ. ΜΙΤΡΑΔΑ-ΤΟΥ. ΕΥΠΑΤΟΡΟΣ. Θ. Cerf paissant, à g.; dans le ch., ΟΙΣ, an 217. Astre et croissant, et ΣΤΡΑΚΣ et ΑΔΡΙΑ en 2 monogrammes. (Il manque un morceau de la pièce.) Æ³ 160 fr.

ASSANDER (50 *à* 15 *av. J. C.*).

4366. Tête de Bacchus, à dr. Ŗ'. ΑΡΧΟΝΥΟΣ. ..ΑΝΔΡΟΥ. Égide de Minerve. (Médaille surfrappée pour l'archonte sur une pièce d'Amisus.) Æ⁴ 12 fr.

4367. Tête d'Assander, à dr. Ŗ'. ....ΤΟ. ..ΑΝΔΡΟΥ. Proue et trident. Æ⁷ 20 fr.

Dynastie des Zénonides.

POLEMON II (38 *à* 61 *de J. C.*).

4368. ΒΑCΙΛΕΩΣ. ΠΟΛΕΜΩΝΟΣ. Tête diadémée de Polémon II, à dr. Ŗ'. ΕΤΟΥC. Z, an 7. Tête de Caligula, à dr. Æ⁴ 60 fr.

4369. Même légende et même tête. Ŗ'. ΕΤΟΥC. ΙΕ. Tête laurée de Claude, à dr. Æ⁴ F. 20 et 40 fr.

4370. Même légende et même tête. Ŗ'. ΕΤΟΥC. ΙΕ, an 15. Tête d'Agrippine, jeune, à dr. Æ⁴ F. 25 fr.

4371. Même légende et même tête. Ŗ'. ΕΤΟΥC. Κ, an 10. Tête de Néro, à dr. Æ⁴ 40 fr. B. 60 fr.

4372. La même, avec ΚΑ, an 21. Æ⁴ 30 fr.

4373. La même, avec ΙΗ, an 18. Æ⁴ 40 fr.

Dynastie des Aspourgianes.

RHESCOUPORIS I (11 à 39 de J. C.).

4373 *bis*. BA. PHOP en monogr. Tête diadémée, à dr., avec une longue chevelure; devant, IB. ℞. TIBEPIOY. ΚΑΙΣΑΡ. Tête nue de Tibère, à dr.   Æ⁵ B. 20 fr.

4374. Même monogr. et même tête. ℞. ΓΑΙΟΥ. KAICAPOC. ΓΕΡΜΑΝΙΚΟΥ. Tête nue de Caligula, à droite.
         Æ⁵ 4 fr. et 20 fr. et TB. 25 fr.

Deuxième dynastie des Achemenides.

MITHRIDATES III (42 à 49 de J. C.).

4375. ΒΑCΙΛΕΩC. ΜΙΘΡΑΔΑΤΟΥ. Tête diadémée du jeune roi, à dr. ℞. IB (pièce de 12 noummia). Dépouille de lion, massue, carquois et trident.   Æ⁵ 8, 15 et B. 20 fr.

4376. Le même. La tête du roi légèrement barbue.
         Æ⁵ B. 20 fr.

GEPAEPYRIS, *reine.*

4377. ΒΑΣΙΛΙΣΣΗC. ΓΗΠΑΙΠΥΡΕΩC. Buste de la reine, à dr. ℞. IB. Buste voilé d'Astara, à dr. Æ⁷ 10, 15 et 25 f.

COTYS I (49 à 69).

4378. ΤΙ. ΚΛΑΥΔΙΟΥ. ΚΑΙΣΑΡΟΣ. Tête laurée de Claude, à dr.; dessous, IB. ℞. ΙΟΥΛΙΑΝ. ΑΓΡΙΠΠΙΝΑΝ. CE-ΒΑCΤΗΝ. Tête d'Agrippine, à dr.; devant le monogr. de Cotys.   Æ⁵ F. 2 fr., 4 fr. et B. 15 fr.

4379. Le même.   Æ⁶ B. 20 fr.

4380. ΝΕΡΟΝΟC. ΚΛΑΥΔΙΟΥ. CEBACTOY. KAICAPOC. Buste lauré de Néron, jeune, à dr. ℞. ΑΓΡΙΠΠΙΝΗC. CEBACTHC. Buste d'Agrippine, à g.; dessous, IB devant le monogr. de Cotys.   Æ⁶ TB. 50 fr.

RHESCOUPORIS II (79 à 87).

4381. Légende à moitié effacée. Le roi debout, à dr., mettant le pied sur le dos d'un prisonnier; devant, un trophée; derrière, un autre prisonnier. ℞. ΜΗ (48 noummia). Bustes diadémés, en regard, du roi et de la reine.
         Æ⁸ 30 fr.

SAUROMATES II (92 à 124).

4382. BACIΛEΩΣ. CAYPOMATOY. Buste diadémé du roi avec une longue chevelure. R'. MH. Patère ou bouclier entouré d'une hache, une épée, une tête casquée, une tête de cheval et une lance. Æ⁸ 4 fr. et B. 15 fr.

4383. TIB. IOYΛIOC. BACIΛEY. CAYPOMATHC. Même buste. R'. MH. Æ⁸ B. 10 fr. et TB. 20 fr.

4384. TI. IOYΛIOC. BACIΛEOC. CAYPOMATOY. Légende renversée. Même type. Æ⁸ 8 fr. et B. 12 fr.

4385. .....ΕΙΛΕΙΟC. BACIΛEΙOC. CAM.... Même type. Æ⁷ B. 8 fr.

4385 *bis.* BACIΛEΩC. CAYPOMATOY. Même buste. R'. MH. Même type. Æ⁷ 2, 4 fr. et B. 6 fr.

4386. Même légende et même type. R'. MH. Victoire, allant à g. Æ⁷ B. 12 fr.

4387. Légende effacée. Chaise curule; dessus, la couronne d'or; à côté, à dr., un sceptre; à g., bouclier rond sur une lance. R'. MH. Type du n° 4382. Æ⁷ F. 3 fr.

4388. T. OY. BACIΛEYC. CAYPOMATOY. Chaise du type précédent. R'. MH. Victoire, allant à g. Æ⁷ B. 12 fr.

4389. TIBEPIOY........... CAYPOMATOY. Même type. R'. MH, dans une couronne. Æ⁷ B. 8 fr.

4390. T. IOYΛIOY. BACIΛEYC. CAYPOMATOY. Même type. Æ⁷ B. 6 fr.

4391. BACIΛEΩΣ. CAYPOMATOY. Même type. Æ⁷ 2 fr. et B. 4 fr.

4392. BACIΛEΩΣ. CAYPOMATOY. Tête imberbe et diadémée de Sauromates II, à dr. R'. SY, an 406. Tête laurée de Trajan, à dr. OR⁴ TB. 300 fr.

COTYS II (124 à 132).

4393. BAΣIΛEΩΣ. KOTYOC. Buste diadémé du roi, à dr., avec une longue chevelure. R'. MH dans une couronne. Æ⁸ F. 4 fr.

4394. La même. Un trident devant le buste de Cotys. Æ⁶ B. 10 fr. et TB. 25 fr.

RHOEMÉTALCÈS (132 à 154).

4395. BACIΛEΩC. POIMHTAΛKOY. Buste diadémé du roi, à dr.; devant, un trident. R'. MH Victoire allant à g. Æ⁷ B. 20 fr.

4396. Même buste. R'. Celui du n° 4382.   E⁵   8 fr.
4397. Même buste. R'. MH dans une couronne.
          Æ⁷   2 fr., 3 fr., 6 fr., 8 fr., et TB. 15 fr.

EUPATOR I (151 à 171).

4398. KAHE. Temple de Jupiter Capitolin. R'. BA. EY.
    dans une couronne; dans le champ, KΔ. Æ⁸ F. 4 et 10 f.
4399. BAΣIΛEΩC. EYHATOPOC. Buste diad. du roi, à dr.
    R'. PNY, an 452. Tête laur. d'Antonin, à dr. OR⁴ B. 150 f.
4400. Même pièce. Une massue devant la tête d'Eupator.
                        OR⁴ TB.   200 fr.
4401. Même lég. et même tête. R'. ΞY, an 460. Têtes nues
    et affrontées de Marc-Aurèle et de Vérus. OR⁴ B. 140 fr.
4402. La même, sans la massue dev. la tête. OR⁴ B. 130 fr.

SAUROMATES III (173 à 211).

4403. BACIΛEΩC. CAYPOMATOY. Buste barbu du roi, à
    dr. R'. PMΔ. Aigle éployé, à g., regardant à droite.
                        Æ⁸ B.   10 fr.
4404. Le même.   Æ⁶   2 et 6 fr.
4405. Même tête. R'. Le roi à cheval, allant à dr., la droite
    levée; dans le champ, croissant et étoile.   Æ⁹   12 fr.
4406. CAYPOMATOY. Le roi à cheval, allant à dr. R'.
    MH. Chaise curule, couronne, sceptre, glaive, tête de
    cheval et casque.   Æ⁶   8 fr.
4407. BACIΛEΩC. CAYPOMATOY. Même buste. R'. HY,
    an 480. Buste de Vérus, à droite; devant, une lance.
                        EL⁴ TB.   40 fr.

Coin faux admirablement exécuté. La pièce vraie n'a pas été
retrouvée.

4407 *bis*. Même buste. R'. EQY. Bustes laurés et affrontés
    de Sévère et de Caracalla.   EL⁴ TB.   180 fr.
4408. Lég. et buste du n° 4403. R'. BM. Astarté assise à g.,
    sur un siége orné à dossier carré, tenant la tête de Sep-
    time Sévère dans la droite.   Æ⁷   6 fr. et B. 15 fr.
4409. Autre. Astarté assise sur un siége ord.; à ses pieds,
    Cupidon.   Æ⁷   12 fr.
4410. Même buste. R'. MH dans une couronne. Æ⁵ B. 12 fr.

RHESCOUPORIS III (211 à 229).

4411. BACIΛEΩC. PHCKOYHOPIΔOC. Buste diadémé du

roi, à dr. ℞. Le roi à cheval, allant à dr., la droite levée.
Æ⁷ F. 3 et 8 fr.

4412. Même buste. ℞. BIΦ, an512. Buste lauré de Caracalla, à dr.; devant, étoile. EL⁴ B. 150 fr.

COTYS III (228 à 235).

4412 *bis*. BACIΛEΩC. KOTYOC. Bustes affrontés de Cotys
et d'Astarté. ℞. B. Astarté assise, à g.; derrière elle, une
étoile. Æ⁶ B. 20 fr.

4413. BACIΛEΩC. KOTYOC. Buste diadémé du roi, à dr.
℞. EKΦ, an 525. Tête laurée d'Alexandre Sévère, à dr.;
devant, un globule. Bas EL⁴ TB. 80 fr.

4414. Même tête, avec moustaches. ℞. HKΦ, an 528.
Buste drapé et lauré de Sévère Alexandre. Æ⁴ B. 35 fr.

4415. Même buste; devant, un sceptre. ℞. HKΦ. Le même.
Æ⁴ 30 fr.

4416. Même buste. ℞. ΘKΦ. Même buste. Æ⁴ TB. 40 fr.

4417. Même buste. ℞. ΛΦ, an 530. Même buste, les épaules nues. Æ⁴ 20 fr.

RHESCOUPORIS IV (234-235).

4418. BACIΛEΩC. .... Buste barbu de Rhescouporis,
affronté à celui d'Astarté. ℞. Astarté assise, à g.; devant
elle, une étoile. Æ⁵ 10 fr.

ININTHIMEUS (235 à 239).

4419. BACIΛEΩC. ININΘYMEOY (rétrograde). Buste barbu
du roi; devant, un aigle. ℞. B. Astarté assise, à g.;
dans le champ, une petite tête de femme en contre-marque. Æ⁶ 12 fr.

4420. Même buste. ℞. ΛΛΦ, an 531. Tête laurée de
Maximin Iᵉʳ, à dr. Æ⁴ F. 8 fr.

RHESCOUPORIS V (240 à 268).

4421. BACIΛEΩC. PHCKOYΠOPIΔOC. Buste jeune, dia-
démé et drapé de Rhescouporis, à dr. ℞. ΘΛΦ, an 539.
Tête laurée de Gordien III, à dr.; devant, une massue.
Æ⁵ B. 40 fr.

4422. Même buste; devant, un trident. ℞. ΔΞΦ, an 564.
Tête laurée de Gallien; devant, K. POT⁵ B. 25 fr.

4422 *bis*. Même buste, sans trident. ℞. B. Astarté assise,
à g. Æ⁴ 6 fr.

RHESCOUPORIS VI (284 *à* 312).

4423. BACIΛEΩ. PHCKOYПOPIΛOC. Buste diadémé du roi, à dr.; devant, un trident. ℞. ZOΦ, an 577. Bustes affrontés de Carinus et Numérien ? Æ⁴ 40 fr.

Cette dernière pièce est peut-être la seule connue qui puisse être attribuée avec certitude à ce roi.

RHESCOUPORIS VII (314 *à* 335).

4424. BACIΛEΩC. PHCKOYПOPIC. Buste diadémé du roi, à dr.; devant, un trident. ℞. ZIX, an 616. Buste lauré de Constantin le Grand, à dr. Æ⁴ 8 fr.

4425. Même tête. ℞. ZIX, an 617. Même buste ; devant, un symbole formant l'Y. Æ⁴ 8 fr.

4426. Même tête, sans le trident. ℞. ΘIX, an 619. Buste lauré de Constantin. Æ⁴ 5 fr.

4427. Même tête. ℞. KX, an 620. Même buste. Æ⁴ 3 fr., 5 fr. et TB. 10 fr.

4428. Même tête ; devant, une rosace ou couronne. ℞. AKX, an 621. Même buste. Æ⁴ 5 fr.

4429. Même tête, avec rosace. ℞. BKX, an 622. Même buste. Æ⁴ 5 fr.

4430. Même tête ; devant, un trident. ℞. BKX. Même buste ; devant, une Victoire le couronnant. Æ⁴ 4 fr.

4431. Même tête ; devant, une rosace. ℞. ΓBX, an 623. Même buste ; devant, une étoile. Æ⁴ 3 fr.

4432. Même tête ; devant, un trident. ℞. ΔKX, an 624. Même buste ; devant, un aigle tenant une couronne dans son bec. Æ⁴ F. 2 et 4 fr.

4433. Même buste ; devant, une couronne. ℞. EKX, an 625. Buste de Constantin, à dr. Æ⁴ 3 fr.

Dynastie étrangère.

PHAREANSES (254 *à* 255).

4434. BACIΛEΩC. ΦAPEANΣOY. Tête diadémée du roi, à dr. ℞. NΦ, an 550. Tête laurée de Valérien père, à dr. Æ⁴ TB. 100 fr.

TEIRANES (276 *à* 279).

4435. BACIΛEΩC. TEIPANOY. Buste diadémé du roi, à dr. ℞. ΓOΦ, an 573. Buste lauré de Probus, à droite. Æ⁴ TB. 100 fr.

THOTORSES (279 à 308).

4436. BACIΛEΩC. ΘΟΘΟΡCΟΥ. Buste diadémé du roi, à dr.; devant, un trident. R'. BOΦ? an 572? le B et l'O confus. Buste lauré d'un empereur, à dr.; devant, un trident. Æ' B. 20 fr.

4437. Même buste; devant, trois globules. R'. EOΦ, an 575. Buste de Probus, à dr.; devant, un grand monogramme; derrière, trois globules. Æ' 10 fr.

4438. Même buste. R'. SOΦ, an 575. Même buste. Æ' F.3 f.

4439. Même buste. R'. ZqΦ, an 597. Buste de Dioclétien, à dr.; devant, un grand monogramme. Æ' B. 15 fr.

4440. Même buste. R'. ΔX, an 604. Buste de Constantin, à dr.; devant, le même monogramme. Æ' F. 6 fr.

RHADAMSES (309 à 321).

4441. BACIΛEOC. PAΔAMCAΔ. Buste diadémé du roi, à dr. R'. EIX, an 615. Buste de Constantin le Grand, à dr. Æ' 30 fr.

4442. Même buste. R'. ΘX, an 609. Même buste; devant, une massue. Æ' 20 fr.

PAPHLAGONIA.

AMASTRIS (Amarsreh, Amastra, Samatro).

4443. Égide de Minerve; au milieu, une tête de Méduse. R'. AMAΣTPEΩΣ. Victoire allant à dr., tenant une palme sur l'épaule. Æ³ 8 fr.

4444. OYHPOC. KAIΣAP. Tête nue et légèrement barbue de Marc-Aurèle, césar. R'. AMAΣTPIANΩN. Trépied entouré d'un serpent. Æ' 2 fr.

La tête représentée sur cette médaille est bien celle de Marc-Aurèle, et nous ne rencontrons sur aucunes pièces romaines le nom de Vérus pour légende, tandis qu'à Amastris presque toutes les pièces portent ce nom seul, nom que Marc-Aurèle abandonna au moment de son adoption par Antonin.

4444 bis. ΦAYCTEINA. NEA. CEBACTH. Buste de Faustine, jeune, à dr. R'. AMAΣTPIANΩN. Vénus debout, à dr., tenant une pomme et la haste. Æ⁶ 5 fr.

4445. IOYΛIA. MAICAN. CEB. Buste de Maesa, à dr., tenant de sa dr. des épis. R'. AMACTPIANΩN. Deux figures debout, tenant des hastes; elles sont entourées des 12 signes du Zodiaque. Æ⁸ TB. 50 fr.

CROMNA (*Cromena, Calle de Caragat*).

4446. Tête laurée de Jupiter, à g. R'. ΚΡΩΜΝΑ. Tête de femme, à g., avec une couronne élevée et très-ornementée; dans le champ, K. Æ⁴ B. 40 fr. et TB. 50 fr.

SINOPE (*Sinab, Sinope*).

4447. Tête tourelée de la Tiché de Sinope, à dr.; sur l'oreille, la tête de Hélios entourée de rayons dans lesquels on lit ΣΙΝΩΠΕΩΝ. R'. ΣΙΝΟΠ. Poseidon assis, à g., tenant un dauphin et un trident; devant lui, la tête diadémée de Zeus, également en contre-marq. Æ⁵ B. 200 fr.

Voir sur cette curieuse pièce la note publiée par M. de Koehne, page 83, vol. II de son savant ouvrage sur le musée de Kotschoubey, Saint-Pétersbourg, 1857.

4448. Même tête de la nymphe de Sinope, à g. R'. ΣΙΝΩ. Proue de navire; dans le champ, l'*acrostolium* et l'Ω en monogramme. Æ³ B. 8 et 12 fr.

4449. Même tête. R'. ΣΙΝΩ. Aigle éployé, de face; dans le champ, ΕΔ en monogr. Æ² 4 fr.

4450. Même tête, sans les tours. (Très-ancienne fabrique.) R'. ΣΙΝΩ. Aigle sur un thon, à g. Æ⁴ 15 fr.

4451. Même tête; devant, l'*acrostolium*. R'. ΣΙΝΩ. Même type. Æ⁴ 4 fr.

4452. Même tête. R'. ΣΙΝΩ. ΘΕΟΤ. Même type. Æ⁶ B. 30 fr.

4453. La même. Æ⁵ 15 fr.

4453 *bis.* La même, avec ΣΙΝΩ. ΚΡ. Æ⁴ 6 fr.

4454. Autre, avec ΣΙΝΩ. ΦΑΓΕΤΑ. Æ⁶ B. 15 fr.

4455. Même tête, vue de face. R'. ΣΙΝΩ. Aigle éployé, de face. Æ¹ 6 fr., 8 fr. et B. 10 fr.

4456. Tête de femme, à dr. R'. ΣΙΝΩΠΗΣ. Trépied. Æ³ 3 fr.

4457. Tête laurée de Jupiter, à dr. R'. ΣΙΝΩΠΗΣ. Aigle sur un foudre, à g.; dans le champ, étoile et AE en monogramme. Æ⁴ B. 3 fr.

4458. Égide de Minerve. Tête de Méduse au milieu. R'. ΣΙΝΩΠΗΣ. Victoire ayant une palme sur l'épaule, allant à dr. Æ⁵ 1 fr.

4459. La même, ΒΑΙΙ en monogr. dans le ch. Æ⁵ B. 5 fr.

4460. La même, avec ΜΕ en monogr. Æ⁶ 2 et 3 fr.

4461. Tête virile casquée, à droite. R'. ΣΙΝΩΠΗΣ. Carquois. Æ⁵ 5 fr.

4462. Tête de Cupidon, à dr. Ŗ'. ΣΙΝΩΠΗΣ. Arc et carquois. Æ.⁴ 3 fr.

4463. Tête de Minerve, à dr. Ŗ'. ΣΙΝΩΠΗΣ. Corne d'abondance entre les bonnets des Dioscures. Æ.⁴ 5 fr.

BITHYNIA.

4464. AYT. KAIC. TPAI. AΔPIANOC. CEB. Tête laurée d'Hadrien, à dr. Ŗ'. KOINΩN. BEIΘYNIAC. Temple tétrastyle, de face. Æ.⁹ B. 25 fr.

4465. La même. Æ.¹⁰ 5 et 12 fr.

4466. La même. Æ.⁶ B. 8 fr.

4466 bis. ΣABEINA. ΣEBAΣTH. Buste de Sabine, à dr. Ŗ'. Même type. Æ.¹⁰ 15 fr.

4467. Légende effacée. Buste d'Antinoüs, à g. Ŗ'. Même type. Æ.⁹ F. 25 fr.

APAMEA MYRLEA (*Medaniah, Mudagna*).

4468. ? Autel. DD. Grand phare sur un navire. Æ.⁴ B. 10 f.

4469. ? Buste de Diane, à dr. Ŗ'. DD. Grand vase long à une anse. Æ.³ B. 6 fr.

4470. Tête d'Apollon, à dr. Ŗ'. MYPΛEA. Lyre; dans le ch., ΠA en monogr. Æ.³ 15 fr.

CHALCEDON (*Kadi, Kioy*).

4471. KAΛX. Bœuf marchant, à g., sur un épi couché. Ŗ'. Aire en creux divisé en quatre parties pointillées dans le champ. Ŗ³ 12 fr.

4472. Têtes accolées de Jupiter et Junon, à droite. Ŗ'. ...XAΔO... Trépied. Æ⁷ F. 2 fr.

4473. Tête d'Apollon laurée, à g. Ŗ'. KAΛXAΔONIΩN. Trépied. Dessous, AK en monogr. Æ.⁵ 6 fr.

4474. AΓPEIΠΠNA. CEBACTH. Tête d'Agrippine, jeune, à dr. Ŗ'. KAΛXAΔO. Tête de Diane, à dr. Æ.⁴ B. 20 fr.

4475. Lég. effacée. Buste d'Hadrien, à dr. Ŗ'. Même type. Æ.⁵ F. 2 fr.

4476. ANTΩNINOC. AYΓOYCTOC. Buste lauré et drapé de Caracalla, à dr. Ŗ'. KAΛXAΔONIΩN. Trirème avec quatre rameurs et un pilote. Æ.⁵ B. 15 fr.

4477. CAB. TPANKYΛΛEINA. CEB. Buste de Tranquilline, à dr. Ŗ'. KAΛXAΔONIΩN. Apollon tenant la lyre, enlevé dans les airs par un cygne. Æ.⁷ B. 30 fr.

CRATIA FLAVIOPOLIS (*Bayndir*).

4478. Tête de Jupiter, à dr. ฿. KPΛ. Foudre ailé. Æ³ 8 fr.

HADRIANI (*Edrenes*).

4479. AY. KAI. CEOYHPOC ΠΕ. Buste lauré de Sept. Sévère, à dr. ฿. AΔPIANΩN.... ....ΙΙΙ. La Fortune debout, à g. Æ⁵ R. 12 fr.

4480. AYT. KAI. ΠOY. ΛIC. BAΛEPIANOC. CEB. Buste lauré et drapé de Valérien père, à droite. ฿. EΠI. ΛΠ. ΑΛEΞANΔPOY AΔPIANΩN. Diane chassant un cerf, à droite. Æ⁶ 12 fr.

HADRIANOPOLIS (*Boli*).

4481. IOYΛIA ΔOMNA CE. Buste de Julia Domna, à dr. ฿. AΔPIA. APX. ΠOTEΙT. La Fortune debout, à gauche. Æ⁵ B. 10 fr.

4482. A. K. Γ. IOYΛ. MAΞIMEINOC. Buste lauré et drapé de Maximin Ier, à dr. R. AΔPIANOΠ EΠI. APIΣTOΔHMOY KAPMEIOC IΛ. Fleuve couché, à gauche; dans le champ, CEB. Æ⁶ B. 45 fr.

HADRIANOTHERAE.

4483. ANTINOOC HPOC. Buste d'Antinoüs, à droite. R. ....ANOΘH... . Apis debout, à dr. Æ³ 40 fr.

HERACLEA (*Bachia, Elegri, Eregli, Penderaski*).

4484. Tête d'Hercule jeune, à g. ฿. HPAKΛEIA. Carquois, arc et massue. Æ³ 10 et 15 fr.

4485. Hercule, à genoux, étouffant le lion. ฿. HPAKΛEΩTAN. Pallas debout sur une petite base; à ses pieds, à gauche, un autel. Æ⁴ 5 fr.

4486. Tête d'Hercule jeune, à dr. ฿. HPAKΛEΩTAN. ΘP. Arc, carquois et massue. Æ⁴ 3 et 5 fr.

4487. ......NEP TPAΙΛ....... Tête laurée de Trajan, à dr. ฿. HPAKΛEΩTAN MHTPOΠOΛITΩN. Hercule debout, à g., tenant arc et massue. Æ⁸ F. 3 fr.

4488. TPAIANOC KAIC CEB. Même tête. ฿. HPAKΛEΩTΩN. Hercule debout, à g. Æ⁴ 6 fr.

4489. IOYΛIA AYΓOYC. Buste de Julia Domna, à dr. ฿. HPAKΛEIAC EN ΠONT. Pallas debout, à g., appuyée sur sa haste. Æ⁶ 4 fr.

4490. ANTΩNEINOC AYΓOVCTOC. Buste lauré de Caracalla, à dr. R'. ΗΡΑΚΛΕΛC. ΕΝ... Hygiée debout, à dr., tenant le serpent. Æ⁵ 5 fr.

4491. Η. CEHT. ΓΕΤΑC K. Buste drapé de Géta, césar, à dr. R'. ΗΡΑΚΛΕΛC ΕΝ ΗΟΝ. Même type. Æ⁴ 2 fr.

4492. ΙΟΥΛΙΑ ΜΑΜΑΙΑ ΑΥΓ. Buste de Mamée, à dr. R'. ΗΡΑΚΛΕΩΤΑΝ ΠΟΝΤΩ. Femme, à g., vêtue d'une longue robe, le modius sur la tête, tenant un globe. Æ⁵ 8 fr.

4493. ΑΝΤΩΝΕΙΝΟC. ΟΥ. ΣΟΥ (?). Buste légèrement barbu d'Uranius Antoninus, à dr. R'. ΗΡΑΚΛΕΛC ΝΕΟ... Esculape, la droite appuyée sur son bâton ; la gauche sur sa hanche. Æ⁴ 60 fr.

Le métal et la fabrique de cette pièce sont identiques avec celle du n° 4492, ce qui donne une raison d'être à cette médaille, contemporaine de celles d'Alexandre Sévère.

4494. ΑΥ. Π. ΛΙ. ΓΑΛΛΙΕΝΟC. Buste lauré et drapé de Gallien, à dr. R'. ΗΡΑΚΛΕΛC. Figure nue, allant à droite, tenant des deux mains une lance transversale. Æ⁵ F. 2 fr.

DIONYSIUS (*roi contemporain d'Alexandre*).

4495. Tête de Bacchus, à g.; thyrse derrière le dos. R'. ΔΙΟΝΥΣΙΟΥ. Hercule debout, à g., s'appuyant sur un trophée. Æ⁵ 70 et B. 90 fr.

NICAEA (*Isnick*).

4496. ΝΙΚΑΙΕΩΝ. Tête de Bacchus, à dr.; devant, ΠΑΡ (?) en monogr. ; dessous, ΑΚΣ, an 224. R'. ΕΠΙ. ΓΑΙΟΥ. ΠΑΠΙΡΙΟΥ. ΚΑΡΒΩΝΟΣ. ΡΩΜΗ. Rome assise, à g., sur des armes. Æ⁶ 2, 3 et B. 6 fr.

4497. Même tête. R'. ΕΠΙ ΓΑΙΟΥ ΠΑΠΙΡΙΟΥ ΚΑΡΒΩΝΟΣ. Thyrse. Æ⁶ 3 et 6 fr.

4498. ΝΕΡΩΝ ΚΛΑΥΔΙΟC ΚΑΙΣΑΡ ΣΕΒΑΣΤΟΣ ΓΕΡΜΑΝΙΚΟΣ. Tête laurée de Néron, à g. R'. ΕΠΙ ΑΤΤΙΟΥ ΛΑΚΩΝΟΖ ΑΝΘΥΠΑΤΟΥ. ΝΕΙΚΑΙΕΩΝ. Autel rond, couvert d'une peau de panthère ; au-dessus, thyrse, corne d'abondance, globe et Capricorne. Æ⁸ B. 20 fr.

4499. ΑΥΤΟΚΡΑΤΟΡΙ. ΚΑΙΣΑΡΙ ΣΕΒΑΣΤΩ ΟΥΕΣΠΑΣΙ.... Tête laurée de Vespasien, à droite. R'. ΕΠΙ ΜΑΡΚΟΥ ΠΛΑΝΚΙΟΥ. ΟΥΑΡΟΥ ΑΝΘΥΠΑΤΟΥ. Tête de Bacchus couronnée de pampres, à g. Æ⁸ 6 fr.

4500. Même tête. R'. Même légende ; panthère accroupie,

le pied droit posé sur un vase à deux anses. Æ⁶ F. 4 fr.

4501. ΑΥΤ ΔΟΜΙΤΙΑΝΟΣ ΚΑΙΣΑΡΟΣ. Tête laurée de Domitien, à dr. ℞. ΟΝ. ΚΤΙΣ ΝΕΙΚΑΙΕΙΣ ΗΡΩΤ. ΠΟΝ ΚΑΙ. B. Hercule Farnèse debout, à dr. Æ⁶ 5 fr.

4502. ΑΥΤ. ΚΑΙΣΑΡ ΑΝΤΩΝΙΝΟΣ. Tête laurée d'Antonin, à dr. ℞. ΝΙΚΑΙΕΩΝ. Serpent sur un autel, à g. Æ⁴ 2 fr.

4503. Même tête. ℞. ΝΕΪΚΑΙΕΩΝ. Serpent s'élançant à droite. Æ⁴ B. 4 fr.

4504. Même tête. ℞. ΤΩΝ ΚΤΙϹΤΗΝ ΝΙΚΑΙΕΙϹ. Esculape debout, à dr., se retournant à gauche. Æ⁴ B. 8 fr.

4505. ΑΥ. ΚΑΙ. Τ. ΑΙ. ΑΔΡ. ΑΝΤΩΝΙΝΟϹ. Même tête. ℞. ϹΩΤΗΡ. ΑϹΚΛΕ. ΝΙΚΑΙΕΑϹ. Même type. Æ⁴ 3 fr.

4506. Légende et tête du n° 4502. ℞. ΝΙΚΑΙΕΩΝ. Tête de lion, radiée, à dr. Æ⁴ B. 6 fr.

4507. Μ ΑΥΡΕΛΙϹ ΑΝΤΩΝΙΝΟϹ. Buste drapé de Marc-Aurèle César, à dr. ℞. ΝΙΚΑΙΕΩΝ. Pallas debout, à dr. Æ⁶ 2 fr.

4508. ΑΥΤ ΚΑΥ. ΜΑΡ. ΑΥΡ. ΑΝΤΩΝΙΝ.. Même tête. ℞. ΝΙΚΑΙΕΩΝ. Bacchus, à g., dans un temple à 4 colonnes. Æ⁶ 6 fr.

4509. ΑΥΤ. ΚΑΙ. Μ. ΑΥ..... Même tête laurée, à dr. ℞. ΝΕΙΚΑΙΕΩΝ. Tête de femme, à dr., le modius sur la tête. Æ⁸ 8 fr.

4510. Μ. ΑΥΡΕΛ. ΑΝΤΩΝ.... Même tête. ℞. ΝΙΚΑΙΕΩΝ. Femme, à g., vêtue de la stola, tenant une patère et la haste. Æ⁸ 3 fr.

4511. ΛΟΥ. ΑΥΡΗ. ΚΟΜΟΔΟϹ ΚΑΙϹΑΡ. Buste drapé de Commode César, à dr. ℞. ΝΙΚΑΙΕΩΝ. La Fortune, debout, à gauche. Æ⁹ B. 20 fr.

4512. Α. Κ. Μ. ΑΥ. ΚΟ.... Buste lauré de Commode, empereur, à dr. ℞ ΝΙΚΑΙΕΩΝ. La Fortune, debout, dans un temple à quatre colonnes. Æ⁷ 3 fr.

4513. Α. Κ. Λ. ϹΕΗ. ϹΕ... Tête nue de Sévère, à dr. ℞. ΝΙΚΑΙΕΩΝ. Ciste entr'ouverte d'où s'échappe un serpent, à droite. Æ³ 4 fr.

4514. ΑΥΤ. Κ. Λ. ϹΕΠ. ϹΕΥΗΡΟϹ. Π. Tête laurée de Sévère, à dr. ℞. ΝΙΚΑΙΕΩΝ. Pallas debout, à g., tenant la haste de la droite ; la g. sur le bouclier. Æ⁷ B. 8 fr.

4515. Même légende et même tête. ℞. ΝΙΚΑΙΕΩΝ. Hygiée debout, à dr., tenant le serpent. Æ³ B. 5 fr.

4516. IOYΛIA..... Buste de Domna, à dr. R'. NIKA...
Autel allumé. Æ³ B. 6 fr.

4517. ANTΩNINOC AYΓOYTOC. Buste lauré de Caracalla,
à dr. R'. NIKAIEΩN. L'Équité debout, à g. Æ⁹ F. 2 fr.

4518. Même légende et même buste. R'. NIKAIEΩN. Trois
enseignes militaires. Æ⁶ 2 fr.

4519. Π. ΣΕΠ. ΓΕΤΑC ΚΑΙ. Tête nue de Géta, césar, à dr.
R'. NIKA... Temple à quatre colonnes. Æ³ B. 8 fr.

4520. Même légende, buste drapé, à dr. R'. NIKAIEΩN.
Ciste d'où s'échappe un serpent, à g. Æ² 3 fr.

4521. AYT. KE. M. OΠEΛ. CEOΓHP. MAKPEINOC. AY.
Buste lauré et drapé de Macrin, à dr. R'. Légende à
moitié effacée ; Jupiter assis, à g. Æ⁸ 8 fr.

4522. ...ANTΩNINOC AYΓ. Buste lauré d'Élagabale, à
dr. R'. NIKAIEΩN. La Fortune debout, à g. Æ³ 2 fr.

4523. M. AYP. CEYH. AΛEΞANΔPOC AYΓ. Buste lauré et
drapé de Sévère Alexandre, à dr. R'. NIKAIEΩN. Pallas
debout, à g., tenant de la droite une patère. Æ⁸ 8 fr.

4524. Même légende et même buste. R'. NIKAIEΩN. Némésis debout, à g. ; à ses pieds une roue. Æ⁷ 4 fr.

4525. Même buste. R'. NIKAIEΩN. Jupiter assis, à gauche.
Æ⁷ 3 fr.

4526. Même buste. R'. NIKAIEΩN. La Fortune debout, à
gauche. Æ⁶ 1 fr. 50 c.

4527. Même buste. R'. NIKAIEΩN. Femme debout, à g.,
tenant haste et patère. Æ⁷ 2 fr.

4528. Même buste. R'. NIKAIEΩN. Trois enseignes militaires. Æ⁴ 50 c. et 1 fr.

4529. Même buste. R'. NIKAIEΩN. Femme debout, à g.,
tenant patère et thyrse. Æ⁴ 1 fr. 50 c.

4530. Même buste. R'. NIKAIEΩN. Lion allant à droite.
Æ⁴ 1 fr. 50 c.

4531. M. AYP. CEY AΛEΞANΔPOC AY. Tête radiée d'A-
lexandre Sévère, à droite. R'. Celui du n° 4528.
Æ⁴ 50 c. et 1 fr.

4532. IOYΛIA MAMAIA AYΓ... Buste de Mamée, à dr.
R'. Celui du n° 4523. Æ⁷ 3 fr.

4533. M. ANT. ΓOPΔIANOC. Buste lauré et drapé de Gordien III, à dr. R'. NIKAIEΩN. Branche de vigne avec
une grappe. Æ⁴ B. 6 fr.

4534. M. ANT. ΓΟΡΔΙΑΝΟC. Même buste. R'. NIKAIEΩN. Trois enseignes militaires. Æ⁵ B. 3 fr.

4535. M. ANT. ΓΟΡΔΙΑΝΟC ΑΥΓ. Même buste, la tête radiée. R'. Le même. Æ⁴ 50 c., 1 et 2 fr.

4536. Même légende et même buste. R'. NIKAIEΩN. Table des jeux ; dessus, une urne ; dessous, un vase à deux anses. Æ⁵ 3 fr.

4537. CAB. TPANKYΛΛINA. Buste de Tranquilline, à dr. R'. Celui du n° 4534. Æ⁴ 15 fr.

4538. ΙΙΟΥ. ΛΙΚ. ΟΥΑΛΕΡΙΑΝΟC. Buste radié de Valérien père, à dr. R'. NIKAIEΩN. Trois urnes avec des palmes sur une table carrée; autour ΔΙΟΝΥΣΙΑ ΠΥΘΙΑ. Æ⁶ 6 f.

4539. Γ. ΙΙΟΥΒ. ΛΙΚ. ΟΥΑΛΕΡΙΑΝΟC ΑΥΓ. Même buste. R'. NIKAIEΩN. Pallas debout, à gauche, tenant de la droite une patère, de la gauche une lance et un bouclier. Æ⁶ 2 f.

4540. ΑΥΤ. ΟΥΑΛΕΡΙΑΝΟC. ΓΑΛΛΙΗΝΟC. ΟΥΑΛΕΡΙΑ-ΝΟC ΚΑΙC. Bustes de Valérien Iᵉʳ, Gallien et Valérien II. R'. ΜΕΓΙΣΤΩΝ ΑΡΙΚΤΩΝ. NIKAIEΩN. Trois urnes des jeux. Æ⁶ F. 5 fr.

4541. Γ. ΠΟΥΒ. ΛΙΚΙΝ. ΕΓ. ΓΑΛΛΙΗΝΟC CEB. Buste radié et drapé de Gallien, à dr. R'. ΓΩΝΕΙ ΙΕΡΟΥ NIKAIEΩN. Trois urnes de jeux ; sur une plinthe, ΠΥΘΙΑ. Æ⁶ B. 6 fr.

4542. Même buste. R'. NIKAIEΩN. Bacchus sur un char traîné par quatre éléphants, allant à gauche. Æ⁶ 3 fr.

4543. ΙΙΟ. ΛΙ. ΕΓ. ΓΑΛΛΙΕΝΟC CE. Même buste. R'. NIKAIEΩN. Satyre allant à droite. Æ⁶ F. 1 fr.

CONCORDIA. (NICAEA cum PHILADELPHIA.)

4544. Π. CΑΠΤΙΜΙ ΓΕΤΑC ΚΑΙCΑΡ. Buste drapé de Geta, césar, à dr. R'. CEOΥΗΡEIA. ΦΙΛΑΔΕΛΦΕΙΑ NIKAIEΩN en cinq lignes dans une couronne. Æ⁷ 20 fr.

NICOMEDIA (Isnid, Isnimid, Nicomedia).

4545. NIKOMHΔEΩN. Tête laurée de Jupiter, à dr. R'. ΕΠΙ ΓΑΙΟΥ ΠΑΠΙΡΙΟΥ ΚΑΡΒΩΝΟΣ. ΡΩΜΗ. Rome assise, à gauche, sur des dépouilles ; dessous, ΑΚΣ, an 224. Æ⁶ B. 6 fr.

4546. ΝΕΡΩΝΟΣ ΚΑΙΣΑΡ ΣΕΒΑΣ.... Tête laurée de Néro, à dr. R'. ΕΠ. ΣΑΔΑΛΟΥ ΙΔΕΝΟΥ. ΑΣ. ΠΡ. ΑΝΘΥΠΑΤΟΥ. Ces deux derniers mots dans le champ. Æ⁴ 6 fr.

4547. AYT. ΔΟΜΙΤΙΑΝΟΣ ΚΑΙΣΑΡ. ΣΕΒ. ΓΕΡ. Tête laurée de Domitien, à droite. R'. Η. ΜΗΤΡΟΠΟΛΙC ΚΑΙ. ΠΡΟΤΗ ΒΕΙΘΥΝΙΑC ΚΑΙ. ΠΟ. Domitien assis, à g., tenant la haste et une patère. Æ⁷ 8 fr.

4548. ΑΝΤΙΝΟΟC ΗΡΟC. Tête nue d'Antinoüs, à dr. R'. ΜΗΤΡΟΠΟΛΙΣ ΝΙΚΟΜΗΔΕΙΑ. Bœuf debout, à droite. Æ⁵ B. 80 f'.

4549. ΑΥΓ. ΚΑΙCΑΡ ΑΝΤΩΝΕΙ... Tête laurée d'Antoniu, à dr. R'. ΜΗΤΡΟΠΟ ΝΙΚΟΜΗΔΕ. Cérès debout, à g., tenant la haste et des épis. Æ⁴ 3 fr.

4550. ΑΥΤ. ΚΑΙ. Μ. ΑΥΡ......... Buste lauré de Marc-Aurèle, à dr. R'. ΜΗΤ. ΝΙΚΟΜΗΔΕΩΝ. Hygiée debout, à droite. Æ⁶ 2 fr.

4551. ΦΑΥCΤΕΙΝΑ CΕΒΑCΤΗ. Buste de Faustine, jeune, à dr. R'. ΜΗΤ ΝΕΩ ΝΕΙΚΟΜ..... Vénus assise sur un rocher, à gauche; dans le champ, une contre-marque. Æ⁷ F. 2 et 4 fr.

4552. ΑΥ. Κ. Λ. CΕΠΤΙ. CΕΥΗΡΟC ΙΙ. Tête radiée de Septime Sévère, à dr. R'. ΝΙΚΟΜΗΔΕΩΝ ΔΙC ΝΕΩΚΟΡΩΝ. Temple octostyle. Æ¹⁰ B. 30 fr.

4553. ... ΑΝΤΩΝΕΙΝΟC ΑΥΓ.... Buste radié et drapé de Caracalla, à dr. R'. ΝΙΚΟΜΗΔΕΩΝ ΔΙC ΝΕΩΚ... Pallas debout, à g. Æ⁷ 2 fr.

4554. Μ. ΑΥΡΗ. ΑΝΤΩΝΕΙΝΟC ΑΥΓΟΥ. Buste lauré et drapé d'Élagabale, à dr. R'. ΝΙΚΟΜΗΔΕΩΝ ΤΡΙC ΝΕΩΚΟΡΩΝ ΑΝΤΩΝΙΑΝΑ. Urne dans laquelle sont deux palmes. Æ⁸ 15 fr.

4555. Μ. ΑΥΡ. CΕΥ. ΑΛΕΞΑΝΔΡΟC ΑΥ. Tête laurée de Sévère Alexandre, à droite. R'. ΝΙΚΟΜΗΔΕΩΝ ΔΙC ΝΕΩ. Temple octostyle. Æ⁴ 3fr.

4556. Même tête. R'. Même légende; trois enseignes militaires. Æ⁴ F. 1 fr.

4557. Μ. ΙΟΥΛΙΟC ΦΙΛΙΠΠΟC ΚΑΙCΑΡ. Buste drapé de Philippe II, césar, à dr. R'. ΝΙΚΟΜΗΔΕΩΝ ΔΙC ΝΕΩΚΟΡΩΝ. Pluton assis, à gauche; à ses pieds, Cerbère. Æ⁷ B. 12 fr.

4558. ΠΟ. ΛΙΚ. ΟΥΑΛΕΡΙΑΝΟC AV. Buste radié et drapé de Valérien père, à dr. R'. ΝΙΚΟΜΗΔΕΩΝ ΤΡΙC ΝΕΩΚΟΡΩΝ. Trois urnes de jeux. Æ⁷ 4 fr.

PRUSA AD OLYMPUM (*Brusa*).

4559. ΙΟΥΛΙΑ ΔΟΜΝΑ CEB. Buste de Julia Domna, à dr.
Ŗ. ΠΡΟΥCAΕΩN. Diane d'Éphèse, avec ses supports.
Æ⁴ B.   10 fr.

4560. Même tête. ΠΡΟΥCAΕΩN. Temple à six colonnes.
Æ⁸   6 fr.

4561. CABEINA ΤΡΑΝΚΥΛΛΕΙΝΑ. Buste de Tranquilline,
à dr. Ŗ. ΠΡΟΥΣAΕΩN. Femme assise, à g. ; des épis (?)
dans la dr. ; la gauche appuyée sur le dossier de son siége.
Æ⁷ TB.   60 fr.

CIUS, PRUSIAS AD MARE (*Kiô Kiemlik*).

CIUS.

4562. KIA. Tête d'Apollon, à dr. Ŗ. ΜΙΛΗΤΟΣ. Proue de
navire.   Ŗ² 8 et B. 12 fr.

4563. Tête jeune laurée, à dr. Ŗ. A. KI. Diota d'où pendent deux grappes de raisin.   Æ¹ 4 fr.

4564. Tête d'Hercule, jeune, à dr. Ŗ. KIANΩN. Massue et
carquois.   Æ³ B.   8 fr.

4565. CABEI. ΤΡΑΝΚΥΛΛΕΙΝΑ. Buste de Tranquilline, à
droite. Ŗ. KIANΩN. Deux boucs combattant ; au milieu
d'eux un diota.   Æ⁶   20 fr.

4566. ΑΥ.Κ Γ.ΟΥ. AΦΕΙ. ΓΑΛΛΟC CEB BOΛΟΥC. Tête
laurée de Volusien, à dr. Ŗ. KIANΩN. La Fortune debout, à g.   Æ⁶   6 fr.

4567. Γ. ΟΥ. E. AΦΙ. ΓΑΛΛΟC ΟΥΟΛΟCIA. Même type.
Æ⁶   4 fr.

4568. ΠΟΥB. ΛΙΚ. E. ΓΑΛΛΙΗΝΟC AVG. Buste radié de
Gallien, à dr. Ŗ. KIANΩN. Hercule debout, à dr., appuyé
sur sa massue ; derrière lui, un carquois.   Æ⁷ 6 fr.

PRUSIAS.

4569. Tête barbue d'Hercule, à dr. Ŗ. ΠΡΟΥCΙΕΩN TΩN
ΠΡΟC ΘΑΛΑCCΗ. Massue, arc et carquois.   Æ⁷ 15 fr.

PRUSIAS AD HYPIUM (*Uskubi*).

4570. ΑΥ. ΚΑΙ. ΣΕΒΑΣΤΩ ΟΥΕΣΠΑΣΙΑΝΩ. ΗΡ......
Tête laurée de Vespasien, à droite. Ŗ. ΕΠΙ ΜΑΡΚΟΥ
ΠΛΑΝΚΙΟΥ ΟΥΑΡΟΥ ΑΝΤΙΠΑΤΟΥ. Autel. Æ⁶ 12 fr.

4571 ....ANTON. Tête laurée d'Antonin, à droite. ℞.
HPO.... HPOC ΥΠΙΩ. Mercure debout, à g. Æ³ F. 3 fr.

4572 ..... ΔΙΑΔΟΥΜΕΝΙΑΝΟC. Buste drapé de Diaduménien, à dr. ℞. HPOYCIEΩN. HPOC. YΠΙΩ. Aigle
éployé, à g., se retournant à droite. Æ³ B. 12 fr.

CONCORDIA. PRUSIAS AD HYPIUM CUM NICOMEDIA.

4572 *bis.* NEIKO..... Tête de femme, les cheveux relevés,
à dr. ℞. HPOYCIEΩN. Aigle du n° 4572, éployé, à dr.,
se retournant à gauche. Æ² 25 fr.

PYTHOPOLIS.

4573. HY. Bœuf allant à gauche; sous ses pieds, un poisson.
℞. Aire en creux, divisé en quatre parties égales; dans
chacune d'elles un grènetis. Æ⁴ B. 12 fr.

4574. La même; le creux disposé en ailes de moulin.
Æ³ 6 fr.

4575. La même. Æ² 6 et B. 10 fr.

4576. La même; le bœuf portant un long sceptre sur l'é-
paule. Æ⁴ 15 fr.

4577. La même; sans le sceptre et sans grènetis dans le
creux. Æ³ 8 et 12 fr.

4578. La même. Æ¹ 1/2 6 fr.

Ces cinq monnaies, d'une fabrique très-primitive, ont été attribuées tantôt à Pythopolis, tantôt à Pylus de Messénie, et plus généralement encore à Byzance. Nous penchions nous-mêmes très-
fortement pour cette dernière attribution; mais en comparant ces
monnaies avec notre no 4471, nous ne pouvons plus avoir de doute.
La fabrique, le poids des monnaies, jusqu'au grènetis dans le carré
creux, tout nous démontre que ces monnaies ont été émises dans
le même pays, et nous sommes forcés de revenir au premier classe-
ment adopté par Mionnet.

TIUM (*Tios, Tillios, Filios, Falios*).

4579. TEIOC. Tête d'un jeune homme, à dr. ℞. TIANΩN.
Neptune, à dr., le pied sur un rocher. Æ⁵ 10 fr.

4580. MAΞIMOC. Buste drapé de Maxime, à dr. ℞. TIA-
NΩN. Cérès debout, à g., tenant la haste et des épis.
Æ³ B. 30 fr.

4581. M. AYP. AΛEΞANΔPON. Tête laurée de Sévère

Alexandre, à dr. R'. TIANΩN. Victoire debout, à g., tenant une palme et une couronne. Æ⁴ 8 fr.

4582. ἸΟΥΛΙΑ ΜΑΜΛΙΑ ΛΥΓ. Buste de Mamée, à dr. R'. TIANΩN. Mercure debout, à g., tenant la bourse et un caducée. Æ³ 8 fr.

REGES BITHYNIAE.

PRUSIAS I (250 à 187 av. J. C.).

4582 *bis*. Aigle éployé, à dr. R'. ΒΑΣΙΛΕΩΣ ΠΡΟΥΣΙΟΥ. Foudre. Æ⁴ 4 fr.

PRUSIAS II (187 à 150 av. J. C.).

4583. Tête de Bacchus ceinte de lierre, à dr. R'. ΒΑΣΙΛΕΩΣ ΠΡΟΥΣΙΟΥ. Centaure tenant une lyre, allant à droite. Æ⁵ 2 fr.

4584. La même, avec HPA en monogr., sous le Centaure. Æ³ 3 et B. 5 fr.

4585. Autre, avec ME, également en monogr. Æ⁴ 3 fr.

4586. Tête de Mercure, à dr. R'. ΒΑΣΙΛΕΩΣ ΠΡΟΥΣΙΟΥ. Caducée. Æ⁴ B. 6 fr.

4587. Tête d'Apollon, à dr. R'. ΒΑΣΙΛΕΩΣ ΠΡΟΥΣΙΟΥ. Lyre. Æ³ F. 2 fr.

4588. Tête ailée et diadémée de Prusias II, à dr. R'. ΒΑΣΙΛΕΩΣ ΠΡΟΥΣΙΟΥ. Hercule debout, à g. Æ⁴ 2 et 3 fr.

4588 *bis*. Tête laurée d'Apollon, à dr. R'. ΒΑΣΙΛΕΩΣ ΠΡΟΥΣΙΟΥ. Victoire casquée debout, à g.; la gauche posée sur un bouclier. Æ⁷ B. 6 fr.

NICOMEDES II EPIPHANES (149 à 93 av. J. C.).

4589. Tête diadémée de Nicomedes II, à dr. R'. ΒΑΣΙΛΕΩΣ ΕΠΙΦΑΝΟΥΣ ΝΙΚΟΜΗΔΟΥ. Jupiter debout, à g., tenant une couronne de la droite levée; la gauche sur la haste; dans le champ, aigle sur un foudre; ΠΥΜΕΡΩ (?) en monogr., et la date ΕΞΡ, an 166. Æ¹⁰ B. 160 fr.

4590. La même, avec ΠΡ, an 180. Trouée. Æ⁹ 60 fr.

4591. Autre, monogr. différent, et ΔΠΡ, an 184. Æ¹⁰ 80 fr.

NICOMEDES III EPIPHANES (93 à 73 av. J. C.).

4592. Tête diadémée de Nicomedes III, à dr. R'. ΒΑΣΙΛΕΩΣ

ЕΠΙΦΑΝΟΥΣ ΝΙΚΟΜΗΔΟΥ. Même type ; dans le ch ,
ΧΑΝΤΙ (?) en monogr., et ΘqΡ, an 199. Æ¹⁰ TB. 180 f .
4593. La même.   Æ⁹ B.   100 fr.
4594. Autre, avec ΧΙΔΗ (?) en monogr., et la date ΔΣ, an
     204. (Il manque un morceau de la pièce.)   Æ⁹ B. 30 fr.
4595. Autre, avec ΜΩΤΡ (?) et la date ΕΣ, an 205. Æ⁰ 60 f.

MYSIA.

ADRAMYTIUM (*Adramiti, Edremit*).

4596. Tête laurée d'Apollon, à g. R'. ΑΔΡΑΜΥΤΗΝΩΝ.
Corne d'abondance entre les bonnets des Dioscures.
                                                 Æ⁵   2 et 3 fr.
4597. Tête de Pallas, à dr. R'. ΑΔΡΑΜΥΤΗΝΩΝ. Chouette
sur un foudre.   Æ²   4 fr.
4598. Tête barbue diadémée, à dr. R'. Même légende. Cavalier courant, à dr.   Æ²   3 fr.
4599. Même tête, à g. R'. Même type.   Æ'   6 fr.

ANTANDRUS (*Antandro*).

4600. Tête de femme, à dr., la chevelure retroussée. R'.
ANTAN. Chèvre, à dr.   Æ² B.   80 fr.
4601. (?) Tête de Pallas, de face. R'. ...ΑΝΔΡ. Bélier,
à dr.   Æ²   15 fr.
4601 *bis*. Tête de femme, à g. R'. .....ΔΡΕΩΝ. Diane (?)
vêtue d'une longue robe, allant à dr., tenant un arc et
une flèche.   Æ⁴   15 fr.

APOLLONIA AD RHYNDACUM (*Abulloun*).

4602. ΑΥΤ. Κ. Α. ϹΕΠ ϹΕΥΗΡΟϹ ΠΕ. Buste lauré et cuirassé de Septime Sévère, à dr. R'. ΑΠΟΛΛΩΝΙΑΤΩΝ.
Π. ΡΥΝΔΑΚΟϹ. Esculape et Hygiée debout; au milieu
d'eux, le petit Télesphore.   Æ¹⁰   80 fr.

ASSUS (*Asso*).

4603. Tête de femme, à g., toute la chevelure relevée. R'.
Sans légende. Tête de taureau de face. (Mionnet, *supplé-
ment*, V. n° 81. Variée de module.)   Æ⁴   40 fr.
4603 *bis*. Tête de Pallas, à g. R'. ΑΣΣΙΩΝ. Tête de taureau de face.   Æ³ B.   60 fr.

4604. Tête de Pallas, à dr. R'. ΑΣΣΙ. Griffon, à g.; dessous,
   une grappe de raisin.   Æ³   3 fr.
4605. La même ; trident sous le griffon.   Æ³   4 fr.
4606. Autre, crabe (?) sous le griffon.   Æ³   3 fr.
4607. Autre, foudre sous le griffon.   Æ¹   2 fr.
4608. Même tête ; dessus, ΑΣΣΙ et griffon en contre-marque.
   R'. Le même ; à l'exergue, un aigle volant à gauche, et
   chouette en contre-marque sur le griffon.   Æ³   10 fr.
4609. Tête de Pallas, à dr. R'. ΑΣΣΙ. Griffon, à dr.; dessous,
   un épi.   Æ²   4 fr.
4610. Même tête, à g. R'. ΑΣΣΙ. Griffon, à dr. Æ¹ B. 6 fr.
4611. Alexandre le Grand ; type du nº 2780, A. Sous le
   siége, griffon devant le Jupiter.   R⁹   15 fr.
4612. Même pièce.   R⁴   3 fr.

ATARNEA.

4613. Tête d'Apollon laurée, à dr. R'. ΑΤΑΡ. Partie antérieure d'un cheval, à dr.; dans le champ, devant, ΗΡ, en
   monogr.; derrière, un serpent.   Æ⁴ TB.   12 fr.
4614. La même ; devant, ΑΙ en monogr.   Æ⁴ B.   8 fr.
4615. La même.   Æ²   4 fr.
4616. Même tête, à g'. R'. Sans légende. Partie antérieure
   de cheval; dessous, un poisson. (La fabrique de cette pièce
   nous paraît sicilienne.)   Æ³   3 fr.

CYZICUS (l'île Artaki, Cizico, Arta-Kioy).

4616 bis. Tête barbue d'Hercule ; dessous, un poisson. R'.
   Carré creux divisé en quatre parties. (Double statère.)
                                                   EL⁴   500 fr.
4617. Tête de Proserpine, voilée et couronnée d'épis, à
   dr. R'. Trépied dans un carré indiqué par quatre lignes.
                                       EL¹   25 fr. TB. 40 fr.
4618. Figure à moitié nue, à g., assise sur un thon. R'.
   Creux divisé en quatre parties.   EL¹ F.   30 fr.
4619. Tête de lion, à dr., la gueule ouverte. R'. Tête de
   veau, en creux, à dr.   EL¹ 20 et B. 25 fr.
4620. Même tête de lion ; au-dessus, une mouche ou une
   étoile. R'. Carré creux informe (double du poids des 3
   numéros précédents).   EL² B.   50 fr.
4621. Ajax, à g., nu, un genou en terre, tenant de la dr.

son casque; de la gauche, son épée. R'. Carré creux divisé en quatre parties. (Double statère.)   EL⁴   **500 fr.**

4622. Tête de Proserpine, voilée et couronnée d'épis, à g. R'. ΚΥΞΙ. Tête de lion, à g.; derrière, un fruit; dessous, un poisson.   Æ⁶   **100 fr.**

4623. ΣΩΤΕΙΡΑ. Même tête. R'. ΚΥΞΥ. Même type; derrière, grappe de raisin.   Æ⁶ B.   **200 fr.**

4624. La même; vase à une anse derrière la tête de lion.   Æ⁶   **150 fr.**

4625. Tête de femme, les cheveux relevés, à dr. R'. Tête de lion.   Æ² F.   **4 fr.**

4626. Tête laurée d'Apollon, à dr. R'. ΚΥΞΙΚΗΝΩΝ. Trépied et ΠΑ et ΜΡ en monogr.   Æ⁸   **3 fr.**

4627. La même, avec ΠΑΡΩ (?) en monogr.   Æ⁸ B.   **6 fr.**

4628. Partie antérieure d'un bœuf, à dr. R'. ΚΥΞΙ. Grand monogramme formé de ΑΡ; le tout dans une couronne.   Æ¹ TB.   **6 fr.**

4629. Tête de bœuf, à dr., avec le cou. R'. ΚΥΞΙ. ΣΑ dans une couronne.   Æ² B.   **3 fr.**

4630. Tête de Cérès, à dr. R'. ΚΥΞΙ et ΗΥΓ en monogr. dans une couronne.   Æ⁴   **2 fr.**

4631. La même, avec ΕΡ en monogr.   Æ⁴   **1 fr.**

4632. Même tête. R'. ΚΥΞΙΚΗΝΩΝ. *Diota.*   Æ⁴   **3 fr.**

4633. Même tête. R'. ΚΥΞΙ et ΔΗ en monogramme; trépied.   Æ² B.   **3 fr.**

4634. Même tête. R'. ΚΥΞΙ. Lyre et ΚΟΤ en monogramme.   Æ³ B.   **4 fr.**

4635. Tête de Proserpine, à dr. R'. ΚΥΞΙ. Trépied; dans le champ, grappe de raisin et ΑΝΤ en monogr. Æ⁷ 3 fr.

4636. Tête de femme, à dr.; les cheveux dans le reticulum. R'. ΚΥΞΙ. Trépied.   Æ¹   **2 fr.**

4637. ΚΥΞΙΚΟC. Tête diadémée de Cysicus, à droite. R'. ΚΥΞΙΚΗΝΩΝ ΝΕΟΚΟΡΩΝ. Deux torches entourées chacune d'un serpent; au milieu, un autel.   Æ⁷ B.   **6 fr.**

4638. Même tête. R'. CTPO ΑCΚΛΗΠΙΑΔΟΥ ΚΥΞΙΚ. ΝΕΟΚΟΡΩΝ. Même type.   Æ⁷   **3 fr.**

4639. Même tête. R'. ΚΥΞΙΚΗΝΩΝ. Dauphin entre deux thons.   Æ³   **3 fr.**

4640. Même tête. R'. ΚΥΞΙΚΗΝΩΝ ΔΙC ΝΕΟΚΟΡΩΝ dans une couronne.   Æ⁶   **2 fr.**

4641. La même, avec CTPATOY K. . . . . . en dehors de la
couronne.   Æ⁶   3 fr.

4642. Autre, avec CTPA. TAP. ΠAYΛOY KYΞIKHNΩN
NEOKOPΩN dans une couronne.   Æ⁷   6 fr.

4642 bis. Lysimaque, roi. Type du nº 2386. Torche sous
la Pallas.   R⁸   20 fr.

4643. AYT. KAI. AΔP. ANTΩNEINOC CEB. Tête nue d'Antonin, à dr. ℞. KYΞIKHNΩN. Caducée ailé.   Æ⁴   4 fr.

4644. KOPH CΩTEIPA. Tête de Faustine, jeune, à dr. ℞.
KYΞIKHNΩN. Aigle éployé de face.   Æ⁶   5 fr.

4645. Même tête. ℞. KYΞIKHNΩN. Faune (?) nu allant à
droite.   Æ⁶ B.   10 fr.

4646. AYT. ANTΩN. KOMOΔOC. Buste drapé et lauré de
Commode, à dr. ℞. KYΞIKHNΩN. Torche entourée d'un
serpent.   Æ⁸   6 fr.

4647. M. AYP. KOMOΔOC. KAICAP. ΓEP. CEBACTOC. Buste
jeune de Commode avec le *paludamentum*, à dr. ℞.
KYΞIKHNΩN NEOKOPΩN. Deux torches entourées de
serpents.   Æ⁸ B.   10 fr.

4648. . . . . CEOYP AAEΞANΔPOC. Buste lauré et
drapé de Sévère Alexandre, à dr. ℞. Même légende et
même type ; autel au milieu de deux torches.   Æ⁷ 5 fr.

4649. A. K. M. AN. ΓOPΔIANOC. Buste lauré et drapé de
Gordien III, à dr. ℞. Type du nº 4646.   Æ⁵   3 fr.

GERGITHUS (Gergiti).

4650. Tête d'Apollon, de face. ℞. ΓEP. Sphinx assis, à
dr., les ailes recoquillées.   Æ²   15 fr.

GERME et HIERA GERME.

4651. Tête de Jupiter, à dr. ℞. ΓEPMHNΩN. La Fortune
debout, à g.   Æ³   6 fr.

4652. IEPA ΓEPMH. Buste tourelé de femme, à dr. ℞.
ΓEPMHNΩN. Pallas debout, à g., tenant une patère et
la haste.   Æ⁵   2 et 4 fr.

4653. IEPA CYNKΛHTOC. Buste drapé du Sénat, à droite.
℞. ΓEPMHNΩN. Buste d'Apollon lauré, à dr.   Æ³ 4 fr.

4954. AYTOK. M. AY. KOMOΔOC. Buste lauré et drapé de
Commode, à dr. ℞. EΠI EPMOΛA. T. B. ΓEPMH. Apollon, à dr., la droite sur la tête, tenant, de la gauche, sa

lyre posée sur une colonne; derrière lui, un laurier entouré par un serpent. Æ⁸ 6 fr.

4654 *bis*. AY. K. M. AN. ΓΟΡΔΙΑΝΟC. Buste radié et drapé de Gordien III, à dr. R'. ΓΕΡΜΗΝΩΝ. Jupiter assis, à g., tenant la haste et une patère. Æ⁶ 5 fr.

4655. AYT. K. M. ANT. ΓΟΡΔΙΑΝΟC. Buste lauré et drapé de Gordien III, à dr. R'. ΕΠΙ ΑΡΙΣΤΟΝΕΙΚΟΥ ΓΕΡΜΗΝΟΥ. Bacchus debout, à g. ; à ses pieds, une panthère. Æ⁷ 10 fr.

4656. ΦΟΥΡ. ΤΡΑΝΚΥΛΛΕΙΝΑ CAB. Buste de Tranquilline, à dr. R'. Le même. Æ⁸ B. 50 fr.

4657. AYT. KAI. ΙΟΥΛ. ΦΙΛΙΠΠΟC AV. Buste radié et drapé de Philippe Iᵉʳ, à dr. R'. ΕΠΙ. Π. ΠΕΡΠΕΡΟΥ ΡΟΥΦ. ΓΕΡΜΗΝΩΝ. Les trois Grâces, debout, tenant chacune un vase. Æ¹⁰ B. 100 fr.

Cousinery et Mionnet ont mal lu le nom du magistrat.

LAMPSACUS (Lapseki, Lamsaki).

4658. Tête de femme, à g., les cheveux perlés, le chignon relevé, dans un carré creux. R'. A. Cheval marin ailé, courant à droite. R³ 6 fr.

4659. Même tête, à dr. R'. Le même. R³ 4 fr.

4666. La même. R¹ 3 fr.

4667. Cheval marin ailé, à dr. R'. Carré creux divisé en quatre parties. R² 5 fr.

4668. La même. R¹ F. 1 fr. 50 c.

4669. A et Pégase, à dr. R'. Pégase, à g. R² 2 fr.

4670. Tête d'Apollon, à dr. R'. ΛΑΜ. Cheval marin, à dr.; dessous, fer de lance (?). R¹ 3 fr.

4671. La même, grand astre sous le cheval marin. R¹ 3 fr.

4672. ΛΑ. Tête de Pallas, à dr., dans un creux. R'. Tête imberbe à deux faces. R¹ ¹/₂ 2 et B. 5 fr.

4673. ΛΑΨ. Même tête devant un croissant. R'. Le même. R² TB. 12 fr.

4674. Tête de Bacchus indien, à dr. R'. ΛΑΜΨΑΚΗΝΩΝ. Cheval marin, à dr. Æ³ F. 2 fr.

4675. Tête de Neptune, à dr. R'. ΛΑΜ. Même type; dessous, dauphin. Æ³ 1 fr.

4676. Tête d'Apollon, à dr. R'. ΛΑΜΨΑΚΗΝΩΝ. Pallas, à g., tenant une Victoire et un bouclier. Æ³ F. 2 fr.

4677. Tête voilée de femme, à dr. R'. ΛAM. Foudre ; dessous, un cheval marin.   Æ³   2 fr.

4678. Tête jeune laurée, à dr. R'. Cheval marin ailé, à dr.; dessous, torche.   Æ³   3 fr.

4679. Tête de Cérès, à dr. R'. ΛA. Même type. Æ¹ B. 3 fr.

4680. Lyre. R'. ΛAM. Cheval marin, à g.   Æ¹ ½ 1 et 2 fr.

4680 *bis.* Masque de face. R'. ΛA. Thyrse. Æ¹ 2 et B. 4 fr.

4681. Alexandre le Grand, type du n° 2780 ; devant le Jupiter, cheval marin ; sous le siége, AI.   R⁴   5 fr.

4682. CEBA.....Tête nue d'Auguste, à dr. R'. ΛAMΨAK. Priape debout, *veretro erecto*, à g.; la droite levée.
                                              Æ²   5 fr.

4683. AYT. KAY. M. AYP. KOMOΛO. Buste lauré et drapé de Commode, à dr. R'. ΛAMΨAKHNΩN. Buste barbu de Priape, à dr.   Æ⁵ B.   20 fr.

4684. AY. K. M. AY. ANTΩNEI. Buste radié et drapé de Caracalla, à dr. R'. ΛAMΨAKHNΩN. Cheval marin, à dr.
                                              Æ⁴ B.   8 fr.

4685. AYT. K. KYIN. TP. ΓΑΛΛOC. Buste lauré et drapé de Tréb. Galle, à dr. R'. EΠI CTP AYT. YXIΩNΩN. ΛAMΨAKHNΩN. Pallas debout, à g., tenant, de la dr., la Victoire, la gauche sur le bouclier.   Æ⁶   6 fr.

4686. AYT. K. Π. ΛI. OYAΛEPIAN. Buste lauré et drapé de Valérien père, à dr. R'. EΠI ΔAΦNOY ΛAMΨAKHNΩN. Même type.   Æ⁶ B.   10 fr.

MILETOPOLIS (Mette).

4686 *bis.* Tète de Pallas, à droite. R'. MIΛHTO. Double chouette.   Æ⁴ B.   20 fr

4687. Légende effacée. Buste lauré d'Hadrien, à dr. R'. MEIΛETOΠ... Pallas debout, à g., tenant la Victoire, la gauche appuyée sur un bouclier.   Æ⁴   10 fr.

PARIUM (Kiemer, Kamares, Porto-Camera).

4688. Tête de Cérès, à dr., voilée et couronnée d'épis. R'. ΠAPI dans une couronne.   R⁵   50 fr.

4689. Masque de face hérissé de serpents et tirant la langue. R'. ΠAPI. Bœuf allant à gauche, se retournant à droite.   R² ½   2 fr.

4690. Le même, Θ au-dessus du bœuf.   R² ½ B.   5 fr.

4691. Autre ; feuille de lierre sous le bœuf. Æ² 2 fr.
4692. Autre ; dessous, une grappe de raisin. Æ³ 3 fr.
4693. Autre ; dessous, branche de laurier. Æ² ½ B. 4 fr.
4694. Autre ; dessous, étoile. Æ² ½ 4 et TB. 6 fr.
4695. Autre ; l'étoile au-dessus. Æ² ½ 2 fr.
4696. Tête voilée de femme, à dr. ₿. ΠΑΠΙ. Chèvre ; devant, grappe de raisin. Æ⁵ 2 fr.
4697. Tête laurée, à dr. ₿. ΠΑΠΙ. Chèvre ; devant, une étoile. Æ³ 2 fr.
4698. Ancre et gouvernail. ₿. ΠΑΠΙ en monogr. ; dessous, CN ; le tout dans une couronne. Æ² 1 fr.
4699. Tête voilée de Cérès, à dr. ₿. Proue ; au-dessus, ΠΑΠΙ en monogr. Æ² 50 c. B. 4 fr.
4700. Tête imberbe avec une longue chevelure, à dr. ₿. Le même. Æ¹ 3 fr.
4701. Tête de Jupiter, à dr. ₿. ΠΑΠΙ. Proue. Æ¹ 50 c.
4702. ΠΑ. Autel. ₿. Bœuf, à dr. Æ¹ 1 fr.
4703. Tête d'Apollon, à dr. ₿. ΠΑΠ. Taureau cornupète, à g.; au-dessus, étoile. Æ¹ B. 2 fr.
4704. Même tête. ₿. Taureau marchant, à g. Æ¹ 1 fr.
4705. Tête de femme, à dr. ₿. ΠΑΠΙ. Épi. Æ² 2 fr.
4706. Même tête. ₿. ΠΑ (?). Deux épis. Æ² 1 fr.
4707. Grappe de raisin. ₿. ΠΑΠΙ. Épi. Æ¹ 1 fr.
4708. Taureau cornupète, à dr. ₿. ΠΑΠΙ. Torche ; le tout dans une couronne. Æ² 2 fr.
4709. C. G. I. P. Tête de femme, à dr. ₿. D. D. *Præfericulum*. Æ² F. 1 fr.
4710. C. V. I. A. P. Vase à l'eau lustrale. ₿. Q. AQVI. P. RVF LEG. C. D. Le tout dans une couronne. Æ³ 6 fr.
4711. AL. C. V. P. Tête nue de Marc-Antoine, à dr. ₿. P. AQVIN. RVP. LEG. C. A. D. Femme voilée assise, à g. ; devant elle, un petit vase. Æ⁵ F. 12 et 20 fr.
4712. AVG. Tête nue d'Auguste, à dr. ₿. Deux figures conduisant deux bœufs, à dr. Æ⁴ 2 et B. 6 fr.
4713. Tête de Tibère, à g. ₿. Même type. Æ⁴ 4 fr.
4714. C. CAES........... COS. Têtes affrontées de Caius et Lucius, à dr. ₿. Le même. Æ⁴ B. 25 fr.
4715. DRV. CAES. Tête nue de Drusus, fils de Tibère, à dr. ₿. Le même. Æ⁴ 10 fr.
4716. DIVO TRAIANO. Tête radiée de Trajan, à dr. ₿.

PRINC IVBENTVTIS. La Fortune debout à g. ; dans le champ, R. C. P. P. Æ⁶ B. 20 fr.

4717. HADRIANVS AVG. Tête laurée d Hadrien, à g. Ŗ'. Type du n° 4712. Æ² 2 fr.

4718. ANTONINVS AVG. Tête laurée d'Antonin, à dr. Ŗ'. C. G. I. H. PA. Génie ailé debout, de face ; à sa gauche, un autel. Æ⁴ B. 6 fr.

4719. IMP M. AVR. ANTONINVS. Buste lauré et drapé de Marc-Aurèle, à dr. Ŗ'. COL. PARIA IVL. AVG. Femme tourelée debout, à g. ; tenant, de la dr., une enseigne, de la g., une corne d'abondance. Æ⁷ 6 fr.

4720. IMP. CAE. M. AVR. COMMODVS. Buste lauré et drapé de Commode, à dr. Ŗ'. DEO. AESC. SVB. C. G. I. H. P. Esculape, jeune, assis, faisant les premiers essais de la médecine sur un bœuf placé devant lui. Æ³ 15 fr.

4721. IMP. C. M. AV COMMODVS. Même buste. Ŗ'. C. G. I. H. P. Prêtre conduisant deux bœufs. Æ² B. 6 f.

4722. Même buste. Ŗ'. C. G. I. H. P. La louve allaitant les deux enfants. Æ⁵ F. 1 fr.

4723. IMP. C. M. AVRELIVS ANTONINVS. Tête laurée de Caracalla, à dr. Ŗ'. COL. IVL. COL. AVG. PA. A. A. Victoire debout, à g., sur un globe ; dans le champ, D.D. Æ⁶ 10 fr.

4723 *bis*. ANTONINVS... Tête laurée d'Élagabale, à dr. Ŗ'. C. I. G. H. PA. Prêtre conduisant deux bœufs. Æ² F. 1 fr.

4724. M. IVL. PHILIPPVS CAES. Buste drapé de Philippe II, césar, à dr. Ŗ'. C. I. G. A. A. PA. DD. Galère avec trois rameurs. Æ⁷ 10 fr.

4725. PHILIPPVS PIVS AVG. Buste lauré et drapé de Philippe II, empereur, à dr. Ŗ'. C. G. H. I. PAR. La louve allaitant les deux enfants. Æ⁵ 10 fr.

4726. IMP. C. VALERIANVS AV. Tête radiée de Valérien père, à dr. Ŗ'. COL. G. IVL. H. PAR. Victoire de face, sur une cuirasse, posant un globe sur sa tête. Æ⁵ 3 fr.

4727. IMP. VALERIANVS P. F. AVG. Même buste radié drapé, à dr. Ŗ'. C. C. I. H. P. Capricorne, le pied sur un globe, et corne d'abondance sur le dos. Æ⁶ B. 8 fr.

4728. IMP. P. LIC. EGN. GALLIENVS. AV. Buste lauré et

drapé de Gallien, à dr. ℞. COL. IVL. HAD. PAR. Hercule Farnèse debout, à dr. Æ⁵ B. 5 fr.

4729. VALERIANVS NOBIL CAES. Buste lauré et drapé de Valérien jeune, césar, à dr. ℞. C. G. I. H. P. Génio à moitié nu sacrifiant sur un autel, à g. Æ⁵ 8 fr.

PERGAMUS (*Bergam, Pergamo*).

4730. Tête de Pallas, à dr. ℞. Tête barbue et casquée de Pergamus, dans un carré creux. EL¹ B. 50 fr.

4731. Tête d'Hercule jeune, à dr. ℞. ΠΕΡΓΑ. Pallas armée, debout, de face, lançant un javelot. R¹ ½ 5 et 12 f.

4732. Ciste entr'ouverte d'où s'élance un serpent ; le tout dans une couronne de pampres. ℞. ΠΕΡ en monogr. Deux serpents enlacés autour d'un carquois dans lequel est un arc ; dans le champ, ΑΙ ; un thyrse entouré d'un serpent, et ΠΥΡ ou ΠΠΥ en monogramme et étoile. Æ⁷ 12 et B. 15 fr.

4733. La même, sans l'étoile, B.A. Æ⁷ 12 fr.

4734. La même, ΔΗ. Æ⁷ 10 et TB. 20 fr.

4735. Autre, ΔΙ. Æ⁷ TB. 15 fr.

4736. Autre, EY. Æ⁷ TB. 20 fr.

4737. Autre, avec ΚΑ. Æ⁷ B. 15 fr.

4738. Autre, ΚΡ. Æ⁷ 15 fr.

4739. Autre, ΚΤ. Æ⁷ 15 et 20 fr.

4740. Autre, ΦΙ. Æ⁷ 12 fr.

4741. Autre, avec ΤΗ. Æ⁷ 12 et B. 18 fr.

4742. Autre, sans les monogr. ΠΕΡ et ΠΥΡ seulement ; ΑΡΑ en monogr., et le thyrse. Æ⁷ 12 fr.

4743. Autre, avec ΠΕΡ, thyrse et ΑΡΤ en monogramme. Æ⁷ B. 20 fr.

4744. Autre, avec ΑΣ, ΠΕΡ et thyrse. Æ⁷ B. 20 fr.

4745. Tête de Pallas, à dr. ΠΕΡΓΑ. Tête de bœuf avec le cou, à dr. ; au-dessus, grappe de raisin ; derrière, une chouette. Æ⁴ B. 3 fr.

4746. Tête de Pallas, à g. ℞. ΠΕΡΓΑ. Même type, à g. Æ⁴ 1 et 2 fr.

4747. Même tête, casque lauré. ℞. ΠΕΡΓΑ. Deux têtes de bœuf en regard. Æ⁴ 2 fr.

4748. La même, feuille de lierre au-dessus des deux têtes de bœuf. Æ⁴ B. 6 fr.

4749. La même, un serpent entre les deux têtes. Æ⁴ B. 4 f.

4750. ΕΠΙ ΠΕΡΓΑΜΟΥ. Tête de Pallas, à dr. ℞. ΠΕΡΓΑ-
ΜΗΝΩΝ. Victoire marchant, à dr, avec palme et couronne.   Æ⁵ 50 c. 1 et 2 fr.

4751. ΠΕΡΓΑΜΗΝ. Même tête. ℞. Même type.   Æ⁵ 2 fr.

4752. ΔΕΜΗΤΡΙΟΥ. Même tête. ℞. Le même.   Æ⁵ 2 fr.

4753. Sans légende, même tête. ℞. ΠΕΡΓΑΜ. Même type.
                                        Æ⁴ 50 c. et 1 fr. B. 2 fr.

4754. Même tête. ℞. ΑΘΗΝΑΣ ΝΙΚΗΦΟΡΟΥ. Cuirasse ou
trophée surmonté d'un casque.   Æ⁵ 1 et 2 fr.

4755. Le même, dans le champ, MP (?) en mon. Æ⁵ 2 fr.

4756. Autre, OΛ en monogr.   Æ⁴ 2 fr.

4757. Même tête, casque orné d'une étoile. ℞. ΑΘΗΝΑΣ
ΝΙΚΗΦΟΡΟΥ. Chouette de face éployée sur une palme.
                                        Æ⁴ 1 et 2 fr.

4758. Même type, avec K, Σ dans le champ du ℞.
                                        Æ⁴ 2 et B. 4 fr.

4759. La même, avec A. A. P.   Æ⁴ B. 3 fr.

4760. Autre, avec Π Δ.   Æ⁴ 2 fr.

4761. Autre, avec ΔΙΤ. et ΜΗ en monogr.   Æ⁴ 2 fr.

4762. Autre, avec ΤΚ et ΠΛ en monogr.   Æ⁴ B. 3 fr.

4763. Autre, avec ΓΑ et ΑΡ en monogr.   Æ⁴ F. 1 fr.

4764. ΕΠΙ ΠΕΡΓΑΜΟΥ. Tête de Jupiter, à dr. ℞. ΠΕΡΓΑ-
ΜΗΝΩΝ. Aigle sur un foudre, à g., se retournant à dr.
                                        Æ⁵ 1 fr.

4765. Tête d'Esculape, à dr. ℞. ΑΣΚΛΗΠΙΟΥ ΣΩΤΕΡΟΣ.
Serpent replié sur la cortine.   Æ⁵ 1, 2 et B. 3 fr.

4766. La même ; dans le champ du ℞ une chouette en
contre-marque.   Æ⁵ 50 c.

4767. Autre, une chouette non contre-marquée derrière le
serpent.   Æ⁵ 1 et 2 fr.

4767 *bis*. ΔΗΜΗΤΡΙΟΥ. Même tête. ℞. Même légende, serpent autour du bâton.   Æ³ 2 et TB. 4 fr.

4768. Sans légende, même tête. ℞. Le même.   Æ³ 2 fr.

4769. .ΛΛΑΠΙΛΛ... (?) Tête de femme, à dr., accostée
de deux serpents. ℞. Type du n° 4765.   Æ³ 4 fr.

4770. ΠΕΡΓΑΜΗΝΩΝ. Tête de Pallas, à dr. ℞. ΕΠΙ ΣΤΡΑ
Ι. ΠΟΛΛΙΟΝΟΣ. Homme debout, de face, un oiseau sur
la main.   Æ³ 2 fr.

4771. Tête de Pallas, à dr. ℞. ΑΘΗΝΑΣ ΝΙΚΗΦΟΡΟΥ.

Chouette dessous ΠΕΡ en monogr.; le tout dans une couronne. Æ³ B. 4 fr.

4772 ΜΥΘΡΑΔΑΤΟΥ. Buste de Pallas, à g. ℞. ΠΕΡΓΑ-ΜΗΝΩΝ. Esculape debout, à g. Æ⁰ F. 2 fr.

4773. ΘΕΟΝ CYNΚΛΗΤΟΝ. Tête du Sénat, à dr., avec la chlamyde. ℞. ΘΕΑΝ ΡΟΜΗΝ. Tête de la déesse Rome, tourelée, a dr. Æ⁴ 50 c., 1, 2 et B. 3 fr.

4774. La même, un serpent devant la tête de Rome.
Æ⁴ 1 et 2 fr.

4775. Autre ; devant, une fleur ; derrière, une palme.
Æ⁴ 2 et 3 fr.

4776. Autre ; devant la tête de Rome, ΠΑΡ (?) en monogr.
Æ⁴ 2 fr.

4777. Lysimaque, roi. Type du n° 2386. Devant la Pallas, ΠΕΡ ; dessous, ΔΚ en monogr. Æ⁷ B. 25 fr.

4778. Légende effacée. Tête laurée d'Auguste, à dr. ℞. Λ. ΦΟΥΡΙΟΣ. ΓΥΜΝΑΣΙ ΑΡΧΩΝ ΠΕΡΓΑΜΗΝΩΝ. Grande coupe sur un large pied. Æ⁴ 1 et 2 fr.

4779. ΑΥΤΟΚΡΑΤΩΡΑ ΣΕΒΑCΤΟΝ. Même tête, à dr. ℞. ΣΕΒΑΣΤΟΝ ΠΕΡΓΑΜΗΝΩΝ. L'empereur dans un temple tétrastyle. Æ⁴ 2 et 3 fr.

4780. ΣΕΒΑΣΤΟΝ. Même tête. ℞. ΧΑΡΙΝΟC ΓΡΑΜΜΑ-ΤΕΥΩΝ. Temple hexastyle. Æ⁴ 2 et B. 6 fr.

4780 bis. ΣΕΒΑΣΤΟΝ ΔΗΜΟΦΩΝ. L'empereur, debout, dans un temple tétrastyle. ℞. ΠΕΡΓΑΜΗΝΩΝ ΣΙΑΒΙΑ-ΝΩΝ. L'empereur, debout, couronné par une figure militaire. Æ⁴ 2 fr.

4781. ΓΑΙΩΝ ΚΕΦΑΛΛΙΩΝ. Tête de Caius, à droite. ℞. ΛΕΥΚΙΩΝ (à moitié effacé). Tête de Lucius, à droite. Æ⁴ 12 fr.

4782. ΣΕΒΑΣΤΟΙ ΕΠΙ ΠΟΒΛΑΙΟΥ. Têtes laurées et affron-tées d'Auguste et de Tibère, à droite. ℞. ΜΕΝΟΓΕΝΗΣ ΣΕΒΑΣΤΗΝ ΠΕΡΓΑΜΗΝΩΝ. Livie (?) assise, à dr., te-nant la haste et des épis. Æ⁵ B. 15 fr.

4783. ΛΙΒΙΑΝ ΗΡΑΝ ΧΑΡΙΝΟΣ. Tête diadémée de Livie, à dr. ℞. ΙΟΥΛΙΑΝ ΑΦΡΟΔΙΤΗΝ. Tête de Julie, fille d'Auguste, à dr. (Très-rare.) Æ⁴ 25 fr.

4784. ΔΡΟΥΣΟΣ ΚΑΙΣΑΡ. Tête nue de Drusus, à dr. ℞. ΓΕΡΜΑΝΙΚΟC ΚΑΙΣΑΡ. Tête nue de Germanicus, à dr.
Æ⁴ 10 fr.

4785. Γ. ΚΑΙΣ.. Tête de Caligula, à dr. ℞. Victoire marchant, à g. ΠΕΡΓΑΜΗΝΩΝ. Æ⁴ F. 2 fr.

4786. Γ. ΚΑΙΣΑΡ. ΓΕΡ... Caligula debout, à g., relevant une femme tourelée. ℞. Légende effacée. Drusille assise, à gauche. Æ⁴ F. 12 fr.

4787. ΚΛΑΥΔΙ...... Tête nue de Claude, à dr. ℞. ΣΕΒΑΣΤΟΥ. ΙΙΕ... Type du n° 4779. Æ⁴ 4 fr.

4788. ΟΤΡ. Ι. ΠΩΛΙΩΝΟΟ ΤΡΑΙΑΝΟΟ. Figure dans un temple tétrastyle. ℞. ΑΥΓΟΥΟΤΟΟ ΙΙΕΡΓΑ. Figure dans un temple tétrastyle. Æ³ 2 et 3 fr.

4789. Variété de la même pièce. Æ⁴ F. 50 c.

4790. ΑΥΤ. ΚΑΙ. ΑΔΡ. ΑΝΤΩΝΕΙΝΟΟ. Tête laurée d'Antonin, à dr. ℞. ΕΙΙΙ ΟΤΡ. ΚΟΥΑΡΤΟΥ. ΙΙΕΡΓΑ. Esculape allant à dr., et se retournant à g.; dans le ch., B. Æ⁴ 3 fr.

4791. ΑΥΡ. ΑΙΛ. ΚΟΜΜΟΔΟΟ. Buste drapé, à tête nue, de Commode, césar, à dr. ℞. ΕΙΙΙ. ΟΤΡ. ΑΙ. ΙΙΩΛΙ ΙΙΕΡΓ. Même type. Æ⁴ 5 fr.

4792. ΑΥ. ΚΟΜΜΟΔΟΟ. Buste lauré et drapé de Commode, à dr. ℞. ΠΕΡΓΑΜΗΝΩΝ. Même type. Æ⁴ 2 fr.

4793. ΑΥ. Μ. ΑΥ. ΚΟΜΟ. Même buste. ℞. Le même. Æ⁴ 1 fr. et B. 4 fr.

4794. ΑΥ. ΚΑΙ. Μ. ΑΥΡΗ. ΚΟΜΟΔΟ. Même buste. ℞. ΕΙΙΙ ΔΙΟΔΟΡΟΥ.... ΙΙΕΡΓΑΜ.... Faune assis, à g., les épaules couvertes d'une peau d'animal, tenant une autre figure qu'il soulève sur son pied ; dans le champ, B. Æ⁹ 1/2 40 fr.

4795. ΑΥΤ. ΚΑΙ. ΟΕΒΕΡΟΟ. Tête laurée de Septime Sévère, à dr. ℞. ΙΙΕΡΓΑΜΗΝΩΝ ΝΕΟΚΟ. Type du n° 4790. Æ⁴ 1 fr. et TB. 10 fr.

4796. Même tête. ℞. Même légende. Faune debout sacrifiant, à g., sur un autel. Æ⁷ 2 fr.

CONCORDIA. PERGAMUS CUM SMYRNA.

4797. ΑΥ. Κ. Μ. Α. ΑΝΤΩΝΕΙΝΟΟ. Tête laurée de Caracalla, à dr. ℞. Ε. Ο. ΓΕΜΙΝΟΥ ΙΙΕΡΓΑΜΗΝΩΝ ΟΜΥΡΝΑΙΩΝ. Cérès et Esculape debout. Æ⁹ B. 30 fr.

REGES PERGAMI.

PHILÉTAIRE (284 à 263 av. J. C.).

4798. Tête laurée de Philétaire, à dr. ℞. ΦΙΛΕΤΑΙΡΟΥ.

Pallas assise, à g., le coude g. appuyé sur son bouclier,
la haste sur l'épaule, tenant de la droite une couronne;
dans le champ, devant, foudre et abeille ; derrière, un
arc. R^9 B.   80 fr.

4799. La même, le foudre remplacé par les lettres ΔI en
monogr. R^9 B.   50 fr.

ATTALUS I (241 à 197 av. J. C.).

4800. Tête laurée d'Attale Ier, à dr. ℞. ΦΙΛΕΤΑΙΡΟΥ.
Même type ; dans le champ, devant, la figure A et grappe
de raisin. R^8 50 fr. et TB. 70 fr.

4801. La même, une feuille de lierre remplace la grappe
de raisin. R^8 30 fr. B. 50 fr. et TB. 80 fr.

4802. La même, la feuille de lierre placée entre la légende
et la Minerve et l'A en dehors de la lég. R^8 TB.   90 fr.

EUMENES II (de 198 (?) à 157 av. J. C.).

4803. Tête laurée d'Eumène II, à dr. ℞. ΦΙΛΕΤΑΙΡΟΥ.
Même type ; dans le champ, devant la fig., EYMENO en
monogr. R^8 50 fr.

ATTALUS II (157 à 137 av. J. C.).

4804. Tête laurée d'Attale II, à dr. ℞. ΦΙΛΕΤΑΙΡΟΥ.
Pallas assise, à g., la droite posée sur un bouclier placé
devant elle, la haste posée transversalement sur le bras
gauche ; dans le champ, devant, une feuille de lierre ;
derrière l'arc, sur le siége, la lettre A. R^8 TB.   90 fr.

4805. Tête diadémée du même roi. ℞. Le même. R^8 B. 70 f.

Cette dernière pièce, classée par Visconti, Mionnet et Le Normant
à Attale II, pourrait bien appartenir au dernier roi de Pergame, Attale III. L'expression dure et méchante de la physionomie nous
paraît caractériser l'homme qui monta sur le trône par un crime
et se souilla de meurtres et de cruautés. Le diadème posé sur la
tête a dû être mis avec l'intention de désigner une autre tête que
les précédentes, qui sont généralement laurées.

MONNAIE DE CUIVRE INCERTAINE A CLASSER AUX RÈGNES PRÉCÉDENTS.

4806. Tête de Pallas, à droite. ℞. ΦΙΛΕΤΑΙΡΟΥ. Serpent.
                                                  $Æ^3$ 2 fr.

4807. La même ; dans le champ, EYMENOY en monogr.
(Eumène Ier ou II.) $Æ^3$ 1 fr.

4808. Autre, avec ΔI en monogr.   Æ⁴   2 fr.
4809. Autre, avec ΗΙΡ en monogr.   Æ⁴   3 fr.
4810. Autre, avec ΟΜΗΡ (?) en monogr.   Æ³   2 fr.
4811. ΔΙΟΔΟΡΟΥ. Même tête. ℞. ΦΙΛΕΤΑΙΡΟΥ. Serpent.
(Attale II.)   Æ² F.   1 fr.
4812. Même tête. ℞. ΦΙΛΕΤΑΙΡΟΥ. Mouche ; dans le
champ, monogr. d'Eumène.   Æ¹   1 fr.
4813. Même tê... ℞. ΦΙΛΕΤΑΙΡΟΥ, en deux lignes ; ar..
Æ²   1 et 2 fr.
4814. La même ; dans le champ, Δ.   Æ² B.   3 fr.
4815. Même tête. ℞. ΦΙΛΕΤΑΙΡΟΥ. Feuille de lierre ; dans
le champ, A. (Attale Iᵉʳ ou II.)   Æ 1½   3 fr.

PERPERENNE.

4816. AY. TPA. ΑΔΡΙΑΝΟC. Buste lauré et drapé d'Hadrien, à dr. ℞. ΠΕΡΠΕΡΗΝΙΩΝ. Bacchus debout, à g.,
tenant de la droite le *cantharum*, de la gauche la haste ;
à ses pieds la panthère.   Æ⁴   15 fr.

PIONIA.

4817. Légende effacée. Tête de Bacchus, à g. ℞. Cheval
courant à dr.   Æ⁴ F.   6 fr.

PITANE.

4818. Buste de Pallas, à dr. ℞. ΠΙΤΑΝΑΙΩΝ. Télesphore
debout.   Æ²   15 fr.

PRIAPUS (*Karaboa*).

4819. Tête de Bacchus, à dr. ℞. ΠΡΙΑΠΕΩΝ. Grappe de
raisin.   Æ³ F.   6 fr.

TROAS.

ABYDUS (*Aidos, Nagara*).

4820. Tête de Bacchus imberbe, avec une corne de bélier.
℞. Aigle, à dr., se retournant, dans un carré indiqué
par 4 lignes.   EL¹   30 B. 40 fr.
4821. Masque de face tirant la langue. ℞. Buste d'Hercule
en creux, à dr.   EL¹ B.   60 fr.
4822. Tête laurée d'Apollon, à dr. ℞. Tête de Léandre un
peu inclinée par devant, comme s'il nageait, les cheveux
longs et humides, au milieu d'un carré creux encadré.
EL¹   40 fr.

4822 *bis*. Tête virile imberbe, à dr. $\math7{B}$. Masque de face tirant la langue au milieu d'un carré creux. EL¹ 20 et 30 f,

4823. Masque de face tirant la langue. $\math{B}$. Carré creux divisé en neuf parties.   Æ² ½   4 et 6 fr.

4824. Même masque. $\math{B}$. A. Ancre; dans le champ, une écrevisse.   Æ³   3 et 8 fr.

4825. Tête jeune imberbe, de face. $\math{B}$. Même type.   Æ³ F.   4 fr.

4826. La même.   Æ²   8 fr.

4827. Creux divisé en quatre parties; dans chacune un dauphin. $\math{B}$. Même type.   Æ² ½   8 fr.

4828. Tête d'Apollon, de face. $\math{B}$. ABYΔH. Lyre. Æ³ 3 fr.

4829. Tête d'Apollon, à dr. $\math{B}$. ABY. Aigle, à dr. Æ¹ 3 fr.

ALEXANDRIA (*Eski-Stambul*).

4830. Tête de Pallas, à dr.; dessus, lyre en contre-marque. $\math{B}$. ΑΛΕΞΑΝΔΡΕΩΝ. Cheval paissant, à dr.; devant, une branche.   Æ⁵   2 fr.

4831. Même tête; oiseau en contre-marque.   Æ⁵   2 fr.

4832. Même tête. $\math{B}$. ΛΛΕΞΑ. Cheval paissant à gauche.   Æ⁴   50 c. et 1 fr.

4833. Même tête, à g. $\math{B}$. ΑΛΕΞ. Même type; dessous, TAX en monogr.   Æ³ B.   4 fr.

4834. Tête d'Apollon, à dr. $\math{B}$. Même type; dessous, ΓΑΝ en monogr.   Æ³   2 fr.

4835. La même, avec TEM ou MET.   Æ³   50 c.

4836. La même, le cheval à dr.   Æ²   50 c. et 2 fr.

4837. Même tête. $\math{B}$. ΑΛΕΞ. Apollon *Sminthius*, à dr., le carquois sur le dos, tenant un arc et une flèche.   Æ² B.   3 fr.

4838. Tête d'Apollon, de face. $\math{B}$. ΑΛΕΞΑΝ. Lyre; le tout dans une couronne.   Æ⁴ B.   6 fr.

ALEXANDRIA TROAS, COLONIE ROMAINE.

4839. CO. ALEX. TRO. Buste tourelé de femme, à dr.; derrière, un vexillum sur lequel on lit : CO AV. $\math{B}$. COL. AVG. TROA. Cheval paissant à dr.   Æ⁵ 50 c., 1 et 2 fr.

4840. ..... TROAD. Même buste. $\math{B}$. COL. AVG. TRO. Le même.   Æ⁴   2 fr.

4841. ALEXA. TRO. Même buste. ℞. Le même.
Æ⁴ TB.   6 fr.

4842. COL. TROA. Même buste. ℞. Le même.   Æ⁴   2 fr.

4843. CO. TRO. AV. Même buste. ℞. Le même. Æ⁴ B. 3 f.

4844. ALEX. TROA. Même buste. ℞. COL. AVG. TRO.
Cheval paissant à dr.; derrière lui, un arbre. Æ⁴ B. 3 f.

4845. ALEXAND. Même buste. ℞. Le même. (Retouchée
au burin.)   Æ⁵   2 fr.

4846. AVG. TRO. Même buste. ℞. COL. AVG. TRO. La
louve, à dr., allaitant les deux enfants.   Æ⁴ B.   4 fr.

4847. COL. TROA. Même buste. ℞. Le même. Æ⁴ B. 2 fr.

4848. CO. TRO. AV. Même buste. ℞. Le même. Æ⁴ 1 et 2 f.

4849. COL. TROA. Même buste. ℞. COL. AVG. TRO.
Aigle, à dr., sur une tête de bœuf avec le cou. Æ⁴ 1 fr.

4850. CO. TRO. AV. Même buste. ℞. Le même. Æ⁴ B. 2 f.

4851. COL. TROA. Même buste. ℞. COL. AVG. TROA.
Satyre debout, à dr., la droite levée tenant une outre sur
son épaule.   Æ⁴   2 fr.

4852. ALEX. TRO. Même buste. ℞. COL. AVG. TROAD.
Apollon *Sminthius*, le carquois sur le dos, debout, à dr.,
tenant de la gauche son arc ; de la droite une patère.
Æ⁵ B.   5 fr.

4853. ....TONINVS AV. Buste lauré et drapé de Marc
Aurèle, à dr. ℞. COL. AVG. TRO, l'empereur à cheval, galopant à gauche, en face d'Apollon *Sminthius* sur
une base.   Æ⁵   12 fr.

4854. ... L. L. VE. Buste lauré et drapé de L. Vérus, à dr.
℞. COL. AV. TRO. Trépied.   Æ² B.   20 fr.

4855. AVR. COMMODVS. CAE. Buste drapé de Commode,
césar, à dr. ℞. COL. AVG. TRO. Apollon du n° 4852, sur
une base.   Æ⁵   4 fr.

4856. COMMOD. CA. Tête nue de Commode, césar, à dr.
℞. Celui du n° 4854.   Æ³   2 fr.

4857. IMP. CAI. M. AVR. COMMOD. AVG. Buste lauré et
drapé de Commode, empereur, à dr. ℞. Celui du n° 4839.
Æ⁶ B.   3 fr.

4858. Même légende et tête. ℞. COL. AVG. TROA. Hercule
Farnèse, à dr.   Æ⁶   3 fr.

4859. Même buste. ℞. COL. AVG. TROAD. Apollon, à g.,

18

le pied droit sur un cippe, tenant de la droite une branche de laurier, la gauche sur sa hanche. Æ⁶ **F.** 1 fr.

4860. Même buste. ℞. Celui du n° 4846. Æ⁶ 2 fr.

4861. SEVERVS PIVS AVG. Buste lauré et drapé de Septime Sévère, à dr. ℞. Le même. Æ⁶ 10 fr.

4862. ANTONINVS PIVS. AVGV. Buste lauré et drapé de Caracalla jeune, à dr. ℞. Celui du n° 4839. Æ⁶ TB. 10 f.

4863. M. AVREL. ANTON. Buste lauré et cuirassé de Caracalla, à dr. ℞. Celui du n° 4846. Æ⁶ 2 fr.

4864. ANTONINVS PIVS AVG. Même buste. ℞. Type du n° 4853. Æ⁶ B. 6 fr.

4867. Même buste. ℞. COL. ALEXAND. AVG. Type du n° 4849. Æ⁶ B. 3 fr.

4868. Autre, COL. AVG. TROA. Même type. Æ⁶ 1 et 2 fr.

4869. M. AVR. ANTONINVS. Même buste drapé. ℞. COL. ALEX. AVG. Cheval paissant à dr. Æ⁶ 50 c. et 1 fr.

4870. IMP. C. M. AVR. ANTONINVS AVG. Même buste. ℞. COL. ALEXAND. AVG. La louve et les deux enfants, à g. Æ⁶ 2 fr.

4871. M. AV. ANTONINVS PIVS AV. Même buste. ℞. COL. ALEXAN. AVG. Apollon *Sminthius*, à dr., sur une base; devant lui, un trépied. Æ⁶ 2 fr.

4872. M. AVREL. ANTONIN. Même buste, le col nu. ℞. COL. ALEXAND. AVG. Cheval paissant, à dr. Æ⁶ B. 3 fr.

4873. M. AV. ANTONINVS PIVS AV. Même buste. ℞. COL. AVG. TROAD. Type du n° 4859. Æ⁶ 50 c. et B. 3 fr.

4874. M. AVR. ANTO.... Même buste. ℞. Type du n° 4871. Æ⁵ **F.** 50 c.

4875. .... NINVS AV. Buste lauré et drapé d'Élagabale, à dr. ℞. Celui du n° 4849. Æ⁶ **F.** 1 fr.

4876. V. M. AV. ANTONINVS. Même buste. ℞. COL. AVG. TROA. ALEX. Type du n° 4846. Æ⁶ **F.** 2 fr.

4877. AVR. SEVE. ALEXAN. PIVS AVG. Tête jeune, laurée, de Sévère Alex., à dr. ℞. COL. ALEX. AVG. Cheval paissant, à dr. Æ⁴ 2 fr.

4878. SE. ALEXAN. AV. Même tête, plus âgée. ℞. COL. AVG. TRO. Même type. Æ⁵ 1 fr.

4879. IMP. ALEXANDER AVG. Même tête. ℞. COL. ALE. TROA. Même type. Æ⁶ 1 fr.

4880. IM. C. A. ALEXANDRVS. Buste lauré et cuirassé de

Sévère Alexandre, à droite. ℞. COL. AVG. TRO. Même
type. Æ7 2 fr.

4881. ALEXANDRVS. Même buste. ℞. COL. ALE. TROA.
Même type. Æ6 2 fr.

4882. M. AV. S. ALEXANDRV. Buste lauré et drapé de
Sévère Alex., à dr. ℞. COL. ALE. AV. TRO. Même type.
Æ6 1 fr. et B. 4 fr.

4883. IM. AV. SEV. ALEXANDRO. Même buste. ℞. COL.
ALEX. TRO. Même type. Æ6 1 fr. et B. 2 fr.

4884. IMP. M. AV. S. ALEXAND. A. Même buste. ℞. COL.
AL. A. TROA. Même type. Æ7 2 fr.

4885. M. A. S. ALEXANDER AV. Buste du n° 4880. ℞.
COL. ALE. TRO. Louve, à dr., et les 2 enfants. Æ7 B. 3 f.

4886. S. ALEXANDER AV. Buste du n° 4882. ℞. Type du
n° 4849. Æ6 2 et 3 fr.

4887. .. M. A. ALEX.... Tête du n° 4878. ℞. COL. AL.
AVG. TROA. Type du n° 4851. Æ7 2 fr.

4888. ... ALEXANDER. Même tête. ℞. COL. AVG. TRO.
Femme tourelée debout, à g., portant la Victoire et un
vexillum. Æ6 3 fr.

4889. IOVLIA MAMAIA AV. Buste de Mamée, à dr. ℞.
COL. AVG. TROA. Cheval paissant, à dr. Æ6 B. 6 fr.

4890. IMP. M. ANT. GORDIANVS. Buste lauré et drapé de
Gordien III, à dr. ℞. COL. AVG. TROAD. Type du
n° 4852. Æ4 2 fr.

4891. IMP. C. VIB. TREB. GALLVS AVG. Buste lauré et
drapé de Tréb. Galle, à dr. ℞. COL. AV. TRO. Génie à
moitié nu, debout, à g., tenant de la droite une petite
figure sur un globe ; de la gauche, une corne d'abondance.
Æ6 B. 12 fr.

4892. IMP. C. VIBIA. FINI. OLVSSIANVS. Buste lauré et
drapé de Volusien, à dr. ℞. COL. AVGO. TROA. Cheval
paissant, à dr. Æ6 B. 10 fr.

4893. IMP. LIC. VALERIANVS AVG. Buste lauré et drapé
de Valérien père, à dr. ℞. Celui du n° 4839. Æ4 2 fr.

4894. IMP. LICINI. VALERIAN. Même buste. ℞. Celui du
n° 4849. Æ4 2 fr.

4895. IMP. LIC. GALLIENVS. Buste lauré et drapé de Gallien, à dr. ℞. COL. A. TRO. Pâtre tenant le *pedum*, près
d'un cheval paissant, à dr. Æ4 B. 4 fr.

4896. IMP. C. LIC. GALLIENV. Même buste. R'. Celui du nº 4849. $Æ^3$ 2 fr. et B. 3 fr.

4897. Mêmes légende et buste. R'. Celui du nº 4851. $Æ^3$ 3 f.

4898. IMP. LIC. GALLIENV. Même buste. R'. Celui du nº 4839. $Æ^3$ 1 et TB. 5 fr.

4899. IMP. C. LICIN. GALLIENVS. Même buste. R'. Celui du nº 4846. $Æ^3$ 1 et 2 fr.

AMAXITUS.

4900. AMA . . TEΩN (?) Tête laurée d'Apollon, à dr. R'. Sans légende. Lyre. $Æ^4$ B. 40 fr.

BERYTIS.

4901. Tête d'Ulysse, couverte du *pileus*, entre deux étoiles, à g. R'. BYPI. Massue dans une couronne. $Æ^4$ 15 fr.

4902. Même tête, à dr. R'. BYPI. Trois croissants ayant la forme de la triquetra. $Æ^1$ B. 15 fr.

CEBRENIA.

4903. KEBP. Tête de bélier, à dr. R'. Carré creux divisé en quatre parties. R^2 B. 30 fr.

4904. Sans légende. Même tête. R'. Le même. R $^1/_2$ 5 fr.

4905. KE. Tête d'Apollon, à dr. ; dessous, un trident (?). R'. Tête de bélier, à dr. ; dessous, un aigle. $Æ^3$ B. 15 fr.

4906. Même tête. R'. K. Tête de bélier, à droite.
$Æ^1$ 3 fr. B. 6 fr. et TB. 10 fr.

4907. Tête de bélier. R'. KE. Buste d'un animal à longues cornes ayant le museau du lévrier. $Æ^1$ 3 fr.

4908. Deux objets indéterminés ayant chacune la forme d'une base. R'. KE en monogr. $Æ^1$ 3 fr.

Cette ville n'a jamais été mentionnée par les anciens auteurs comme possédant des monnaies. Voir, pour celles décrites ci-dessus, les savants articles publiés par MM. Borrell et Waddington, le premier dans la *Numismatic Chronicle*, t. VI, p. 187 ; le second dans la *Revue de numismatique française*, année 1858, p. 162.

DARDANUS (*Burnu, Punta dei Barbieri*).

4909. Tête barbue de Mars, à dr. R'. Tête de Diane dans un carré creux encadré. EL^1 45 fr.

4910. Cavalier courant, à dr. R'. ΔAP. Coq, à dr. $Æ^2$ 3 fr.

4911. Même type. R'. ΔAP. Coq, à droite ; derrière, une plante. Æ¹ 2 et 3 fr.

4912. Alexandre le Grand. Type du n° 2780. Une mouche dans le champ. Æ⁴ 6 fr.

ILIUM.

4913. Tête de Pallas, à g. R'. Minerve Iliade debout, à g., tenant la haste sur son épaule et une quenouille dans la gauche ; dans le champ, grappe de raisin (?) Æ² 3 fr.

4914. Même tête, à dr. R'. IAI. Même type. Deux bandelettes ou diadèmes sont suspendus en avant de la haste. Æ⁴ B. 6 fr.

4915. La même, sans les bandelettes ; dans le champ, un foudre. Æ⁴ 4 fr.

4916. Autre ; dans le champ, une mouche. Æ⁴ 2 fr.

4917. Autre ; dans le ch.. un foudre. Æ¹ 1 fr. et TB. 4 fr.

4918. Tête casquée de Pallas, de face ; dessus, une contremarque. R'. IAI. Même type. Æ⁵ 3 fr.

4919. Même tête. R'. IAI. Minerve Iliade, à dr. ; dans le champ, ΔI et palme. Æ² B. 6 fr.

4920. IAI. Même buste. R'. EK. Hector debout, à dr., tenant de la droite une épée. Æ³ 6 fr.

4921. IAI. Buste de Pallas, à dr. R'. ΣΕΒΑΣΤΟΣ. Auguste en sacrificateur, debout, à g., tenant de la droite le *simpulum*. Æ⁴ 6 fr.

4922. Sans légende. Tête d'Auguste, à dr. R'. IAI. Minerve Iliade, à dr. Æ¹ 2 fr.

4923. La même ; dans le champ du revers, KEΦ en monogramme. Æ¹ B. 3 fr.

4924. AY. K. CEBAC. OVEΣIIA.... Tête laurée de Vespasien, à dr. R'. Légende effacée. Pallas debout sur une base, entre les têtes de Tite et Domitien. Æ⁵ F. 4 fr.

4925. AV. K. M. KOMOΔO. Buste drapé et lauré de Commode, à dr. R'. IAIEΩN. Pallas titulée, debout, à dr., tenant de la dr. une haste ; de la g., une torche. Æ⁴ 3 fr.

4926. KPICIIINA CEBACTII. Tête de Crispine, à dr. R'. IAIEΩN. Pallas casquée, debout, à droite, tenant la haste et la Victoire ; à ses pieds, un bouclier. Æ⁷ TB. 25 f.

4927. IOYAIA CEBACTH. Buste de Julia Domna, à dr. R'. IAIEΩN. Même type. Æ⁷ 4 fr.

4928. IOY. ΔOMNA CEB. Même buste. ℟. ΙΛΙΕΩΝ. Bœuf,
à g., devant la statue de Minerve, posée sur un cippe.
Æ⁴ F.   3 et 6 fr.

4929. ..... M. AN. ΓOPΔIAN. Buste lauré de Gordien III,
à dr. ℟. Même type.   Æ⁴ B.   10 fr.

4930. Même buste. ℟. ΙΛΙΕΩΝ. Pallas titulée de face, sur
un cippe; à ses pieds, un globe.   Æ⁵ F.   2 fr.

4931. ΠOY. ΛIK. ΓΑΛΛΙΗΝOC CEB. Buste radié et drapé
de Gallien, à dr. ℟. ΙΛΙΕΩΝ. Femme tourelée debout,
à g., la droite levée, un long sceptre dans la g.; à ses
pieds, un autel allumé.   Æ⁷ B.   15 fr.

NÉANDRIA.

4932. Tête laurée d'Apollon, à dr. ℟. NEA. Bélier debout,
à g.   R¹/₂ B.   50 fr.

OPHRYNIUM.

4933. Tête barbue et casquée, de face, avec des oreilles de
bœuf. ℟. OΦPY. Bacchus enfant, agenouillé à terre, à
dr., tenant une grappe de raisin.   Æ²   20 fr.

4934. Cavalier armé d'une lance, allant à dr. ℟. OΦ. Aigle,
à dr., se retournant.   Æ² 1/₂ B.   25 fr.

SCEPSIS.

4935. Cheval marin ailé, à g. ℟. ΣK. Arbre dans un encadrement; en dehors, au bas, la lettre H faisant partie
de la légende.   Æ⁴   4 fr.

4936. Autre, sans la lettre H.   Æ³ B.   10 fr.

4937. Autre, *thyrse*, à droite, en dehors de l'encadrement.
   Æ³   6 fr.

4938. Cheval marin, à dr. ℟. ΣK. Arbre dans l'encadrement.   Æ³   2 et 4 fr.

4939. Type du n° 4935 ; dans le ch., étoile. Æ¹ 1/₂ B. 4 fr.

4940. Type du n° 4936.   Æ¹   2 et 3 fr.

4941. Cheval marin ailé, à g. ℟. ΣKH. Arbre dans un
cercle creux.   Æ¹/₂ B.   4 fr.

4942. Même type, à dr. ℟. Sans légende. Arbre dans un
encadrement carré.   Æ¹/₂   1 et 2 fr.

SIGEUM (*Yeni-Cheher*).

4943. Tête de Pallas, de face, casque à trois aigrettes. ℟.

ΣΙΓΕ. Double chouette à une seule tête ; dans le champ, un croissant. Æ⁵ 3 et 6 fr.

4944. Même tête. ℞. ΣΙΓΕ. Chouette, à dr.; derrière, croissant. Æ⁵ 4 fr.

4945. Même type. Æ² 4 fr.

4946. Tête de Pallas, à dr. ℞. ΣΙΡΕ. Même type. Æ² 4 fr.

TENEDOS INSULA (*Bozgia, Bogha-Adassi, Tenedos*).

4947. Double tête, l'une barbue, l'autre de femme. ℞. ΤΕ. *Bipenne* dans un carré creux. Æ² F. 4 fr.

4948. Mêmes têtes. ℞. ΤΕΝΕΔΙΟΝ. Hache à deux tranchants, mouche, grappe de raisin ; le tout dans un carré creux. Æ³ B. 25 fr.

4949. Mêmes têtes. ℞. ΤΕΝΕΔΙΩΝ. *Bipenne.* Æ³ F. 2 fr.

4950. Mêmes têtes. ℞. ΤΕ. Même type. Æ¹/₂ 4 fr.

4951. Trident. ℞. Même type. Æ¹/₂ F. 1 fr.

AEOLIS.

4952. Tête diadémée de femme, avec collier et boucles d'oreilles. ℞. ΑΙΟΛΕ. Foudre ; dessous, une grappe de raisin. Æ⁴ 30 fr.

4953. La même. Æ¹ 1/₂ 30 fr.

Ces deux rares monnaies ont été attribuées tantôt à l'Éolie, tantôt à la Chersonèse de Thrace, même à une île de Sicile ; mais le travail artistique est tellement semblable aux monnaies d'Égée et d'Elaea, que nous nous rangeons aux avis de Mionnet et de Cousinery pour maintenir ces pièces à l'Eolie en général.

AEGAE (*Chiusel-Hissar*).

4954. Tête de Pallas, à dr. ℞. ΑΙΓΑΕΩΝ. Jupiter debout, à g., tenant l'aigle et la haste. Æ⁴ 5 fr.

4955. Tête d'Apollon, à dr. ℞. ΑΙΓΑΕ. Tête de chèvre avec le cou, à dr. Æ⁴ 6 et 10 fr.

4956. La même, sans légende ; la chèvre, sans cornes apparentes. Æ¹ 6 fr.

4957. ΙΟΥΛΙΑ CEBACTH. Buste de Domna, à dr. ℞. ΕΠΙ CTP. ΑΥ. ΠΑΚ. ΦΑ . . . . ΛΛΙΟΝΟΥ ΑΙΓΑΕΩΝ. Esculape debout, à dr. Æ⁷ 15 fr.

4958. . . . . . CAΛΟΝΕΙΝΑ. Buste de Salonine, à dr. ℞. ΑΙΓΑ... Hercule debout, sa massue sur l'épaule, allant à dr. et se retournant à g.; dans le ch., Δ. Æ⁶ 6 fr.

CYME (*Sanderlit*, *Nemurt*).

4959. Tête jeune, à dr., avec une longue chevelure retenue par un diadème. R'. ΚΥΜΑΙΩΝ. ΚΑΛΛΙΑΣ. Cheval marchant, à dr.; dessous, un vase à une anse; le tout dans une couronne. (Trouée.) AR⁹ B. 50 fr.

4960. ΚΥ. Partie antérieure d'un cheval bondissant, à dr.; dessous, ΕΝΙΚΟΣ. R'. Vase à une anse; dans le champ, monogramme effacé. Æ³ 1 fr.

4961. Même type. ΕΥΣΙΟΣ. R'. Le même. Æ³ 2 fr.

4962. Même type. ΙΙΙΙΙΑΣ. R'. Le même; ΗΡΑ en monogramme. Æ³ 2 fr.

4963. Même type. ΘΕΥΔΑΙΤΗΣ. R'. Le même; ΗΑΤΡ en monogramme. Æ³ 3 fr.

4964. Même type. ΜΥΡΟΤΗΑΣ. R'. Le même; ΔΙΟ en monogramme. Æ³ 3 fr.

4964 *bis*. Même type. ΠΕΔΙΕΥΣ. R'. Le même; ΗΡ en monogramme. Æ³ 2 fr.

4965. Même type. ..... ΚΕΙΩΝ. R'. Le même; ΓΑ en monogramme. Æ³ 1 fr.

4966. Autre nom de magistrat illisible. R'. Le même; ΜΕ en monogramme. Æ³ 1 fr.

4967. Autre nom de magistrat illisible. R'. Le même; ΠΑ en monogramme. Æ³ 1 fr.

4968. Autre nom de magistrat illisible. R'. ΕΥΒ en monogramme. Æ³ 2 fr.

4969. ΚΥ. Partie antérieure de cheval courant, à dr. R'. ΣΩΙΛΟΣ. Carquois et thyrse. Æ² TB. 8 fr.

4970. Tête de femme diadémée, à dr. R'. ΚΥ. ΑΡΙΣΤΟΦΑΝΗΣ. Cheval au pas, à dr.; dessous, ΗΡ en monogramme. Æ⁵ B. 8 fr.

4971. Même tête. R'. ΚΥΜΑΙΩΝ ΠΥΘΑΣ. Cheval au pas, à dr.; dessous, vase à une anse. Æ³ 1 et 2 fr.

4972. Autre, avec ΚΥΜΑΙΩΝ ΠΥΘΙΩΝ. Æ⁵ 1 et 2 fr.

4973. Autre nom de magistrat illisible. Æ⁵ 50 c. et 1 fr.

4974. Même tête. R'. ΚΥ. ΑΡΙΣΤΟΜΑΧΟΣ. Partie antérieure de cheval courant, à droite; derrière, vase à une anse. Æ³ 1 et 2 fr. et B. 3 fr.

4975. La même, avec ΚΥ. ΛΕΣΒΙΟΣ. Æ³ 1 et 2 fr.

4976. Tête de Pallas, à dr. R'. KYMAIΩN. Aigle debout, à droite. Æ⁹ B. 8 fr.

4977. ΗΡΑΙΟΣ. Aigle, à droite. R'. KY. Vase à une anse. Æ³ 2 fr.

4978. ΦΙΛΑΧΟΥ. Même type. Æ³ 2 fr.

4979. Légende à moitié effacée. Même type. Æ³ 1 fr.

4980. ΑΧΑΡΚ.. Même type. Æ³ 2 fr.

4981. ΕΡΜΗΣΙΛΛΟΣ. Même type. Æ² 1 et 2 fr.

4982. ΕΥΝΙΚΟΣ. Même type. Æ² 2 fr.

4983. ΜΕΓΙΣΤΑΠΟΡΑΣ. Même type. Æ² 2 fr.

4984. Aigle, à dr. R'. KY. AE. Même type. Æ² B. 3 fr.

4985. Même type. R'. KY. Même type. Æ² 50 c. et 1 fr.

4986. Buste de Diane, à dr. R'. KY. ΑΠΑΤΟΥΡΙΟΣ. Vase à une anse entre deux branches de laurier. Æ³ 2 et B. 4 fr.

4987. La même ; KY. ΣΟΙΛΟΣ. Æ³ 1, 2 et B. 3 fr.

4988. Tête de femme, à dr. R'. KY. ΗΡΑΙΟΣ. Vase à une anse. Æ¹ B. 3 fr.

4989. Buste de Neptune, à dr., un trident sur l'épaule ; dessous, un poisson. R'. KYMAIΩN. Grand vase à deux anses et à côtes. Æ⁴ TB. 10 fr.

4990. Buste de Jupiter Sérapis, à dr. R'. KYMAIΩN. Proue de navire. Æ³ TB. 5 fr.

4991. KYMH. Buste tourelé de femme, à g. R'. KYMAIΩN. Isis debout, à g., tenant de la droite un sistre ; de la gauche un vase. Æ⁴ TB. 12 fr.

3992. KYMH. Même buste. R'. KYMAIΩN. La Fortune debout, à g. Æ⁴ 2 fr. et B. 3 fr.

4993. Deux figures dans un quadrige, allant à dr. R'. KY. Diane et Cérès debout, se donnant la main. Æ⁴ 2 et B. 4 fr.

4994. .... CEBACTΩN (?) ΝΕΡΩΝΑ KYMAIΩN. Tête laurée de Néron, à dr. R'. ΘΕΑΝ. ΑΓΡΙΠΙΙΙ.... Buste voilé et lauré d'Agrippine, à dr. Æ⁴ 10 fr.

4995. ΘΕΟΝ CYNKΛΗΤΟΝ. Buste du Sénat, à droite R'. ΑΝΘΥ. ΕΠΡΙΩ. ΜΑΡΚΕΛΛΩ. Γ. Vespasien debout, à g., tenant la haste et un globe ; dans le champ, KY. Æ⁵ B. 6 fr.

4996. ΙΟΥΛΙΑ. ΜΑΜΕΑ CEBACTH. Buste de Mamée, à dr. R'. ΕΠΙ CTP. ΑΛΕΞΑΝΔΡΟΥ. KYMAIΩN. La Fortune debout, à g. Æ⁶ TB. 25 fr.

ΓΙΛΕΑ (*Jalea*).

4997. Deux grains d'orge. ℞. Carré creux divisé en trois parties semblant former un monogramme des lettres ΓΛ ou ΕΛ. ℛ$^{1}/_{4}$ TB. **40 fr.**

4998. Tête casquée de Pallas, à g. ℞. Deux grains d'orge; une palme au milieu. Æ^1 **3 fr.**

4999. Même tête. ℞. ΕΛ. Grain d'orge dans une couronne. Æ^4 **1 et 2 fr.**

5000. La même. Æ^3 **1 et 2 fr.**

5001. La même. Æ^1 **50 c., 1 et 2 fr.**

5002. Tête de Cérès, à dr. ℞. ΕΛΑΙΤΩΝ. Torche ardente au milieu d'une couronne. Æ^4 **1 et 2 fr.**

5003. La même. Æ^2 et ^{3} **50 c., 1 et 2 fr.**

5004. Même tête. ℞. ΕΛΑΙΤΩΝ. Minerve, allant à dr., tenant une chouette et une lance; dans le ch., AN. Æ^3 **4 fr.**

5005. Proue de navire. ℞. ΕΛΑ dans une cour. Æ^2 **3 fr.**

5006. AYTO. TPAI. AΔPIA. Buste lauré et cuirassé d'Hadrien, à dr. ℞. ΕΛΑΙΤΩΝ. Corbeille remplie d'épis et de pavots. Æ^3 **3 et 5 fr.**

5006 *bis*. AYPHΛIOC KAICAP (?) Tête nue de Marc-Aurèle, à dr. ℞. ΕΛΑΙΤΩΝ. Même type. Æ^3 **4 fr.**

LARISSA.

5007. Tête de Diane, de face, un croissant sur le front. ℞. ΛΑ. Tête de bœuf avec le cou. Æ^1 **20 fr.**

MYRRHINA.

5008. Tête laurée d'Apollon, à dr. ℞. MYPINAIΩN. Femme à moitié nue, à dr., tenant de la droite une branche de laurier; de la gauche, une patère ornée de bandelettes; à ses pieds, diota et cortine; le tout dans une couronne de laurier. ℛ^9 **40 fr.**

5009. La même, avec AΔP ou AΔPIAN en monogramme. ℛ^9 **20 et 40 fr.**

5010. Autre, avec MH. ΔIX et MEP en mon. ℛ^9 F. **15 f.**

5011. Tête laurée d'Apollon, à dr. ℞. MYPI. *Diota;* dans le champ, une lyre. Æ^4 **1, 2 et B. 4 fr.**

5012. Tête de Pallas, à dr. ℞. MVPI. *Diota.* Æ^4 **3 fr.**

5013. Même tête. ℞. MY. *Diota.* Æ^1 **2 et 3 fr.**

5014. Tête nue et barbue d'Hercule, à dr. ℞. MYPEINAIΩN. Télesphore debout, de face.   ÆE³ B.   4 fr.

5015. MYPINAIΩN. Tête de femme, à dr. ℞. EΠI CTP. MHTPO. Lyre.   ÆE³ B.   6 fr.

5016. MYPINAIΩN. Tête casquée d'un héros, à droite. ℞. ΘEAN POMH. Buste tourelé de Rome, à g.   ÆE⁴ B. 10 f.

5017. MYPEINA. Tête tourelée de femme. ℞. MYPEI-NAIΩN. La Fortune debout, à g.   ÆE⁴ B.   6 fr.

MANIA.

5018. Tête d'Apollon, de face. ℞. ... IA. Cavalier la lance en arrêt, courant à droite. (Duc de Luynes, pl. VI, n° 2.)
                ÆE⁶ B.   30 fr.

NEONTICHOS.

5019. Tête de Pallas, à droite. ℞. NE. Chouette, à droite.
                ÆE¹ F.   6 fr.

SIGEUM.

5020. Lysimaque, roi. Type du n° 3086 ; dans le champ, ΠHM et croissant.   Æ⁹ B.   30 fr.

5021. La même, avec ΔΞ en monogr. ; à l'exergue, crois-sant.   Æ⁹   15 fr. et B. 25 fr.

5022. Autre, HP en monogramme ; à l'exergue, croissant.
                Æ⁹ B.   25 fr.

TEMNUS (*Melemen*).

5023. THMNOC. Buste tourelé de femme, à droite. ℞. THMNEITΩN. La Fortune debout, à gauche.
                ÆE⁴   2 fr. et TB. 6 fr.

5024. Alexandre le Grand. Type du n° 2870 ; dans le ch., E et ΠA en monogr., et un grand vase long à une anse entourée de deux branches de vigne.   Æ¹⁰   15 et 20 fr.

5025. La même, avec HPA et EP ou EO en monogramme.
                Æ¹⁰ B.   20 fr.

5026. Autre, avec HΦA (?) et ΣΩ en monogr.   Æ¹⁰   12 fr.

5027. Autre, avec KΛENIKOΣ dans le champ, et ΓEI. TAΣ sous le siége.   Æ¹⁰ B.   30 fr.

5028. A. K. M. ΓOPΔIANOC. Buste lauré de Gordien III, à dr. ℞. TEMNEITΩN. Hercule debout, à g., tenant sa massue et le *cantharum*.   ÆE⁶   4 fr.

LESBOS INSULA (*Midilli Adasi, Metellino*).

5029. Légende effacée. Buste lauré et drapé de Commode, à dr. R'. ...... KOINΩN AECBIΩN. L'empereur debout sacrifiant, à g., couronné par une femme également debout. Æ¹⁰ F. 8 fr.

5030. Même buste. R'. EΠI CTPA...... .... Temple à : colonnes. Æ¹⁰ F. 6 fr.

ANTISSA (*Petra*).

5031. Tête d'Hercule jeune, à gauche. R'. AN. Massue. Æ¹ ½ 10 fr.

ERESUS (*Eresso*).

5032. Tête de Cérès, à dr. R'. EP au milieu de deux torches dans une couronne d'épis. Æ⁴ 4 fr.

5033. Même tête. R'. EP. Torche au milieu d'une couronne. Æ³ 2 fr.

5034. La même. Æ² 3 fr. et TB. 8 fr.

METHYMNA.

5035. Tête casquée de Pallas, à droite. R'. MAΘY. *Diota.* Æ² 1 fr. et TB. 6 fr.

5036. La même; lyre en contre-marque sur la tête. Æ⁴ 2 f.

5037. La même ; dans le champ, grappe de raisin. Æ³ 2 f.

5038. A. CEΠ. ΓETAC KAICAP. Buste drapé de Géta César, à dr. R'. MHΘYMNAIΩN. Femme debout, à g., tenant une patère et une corne d'abondance. Æ⁶ 10 fr.

MYTILENE (*Midilli Castro*).

5039. Tête de Sapho, à dr. R'. Lyre à 4 cordes. EL¹ F. 15 f.

5040. Tête d'Apollon, à dr. R'. Tête de Diane dans un carré indiqué par 4 lignes. EL¹ B. 35 fr.

5041. Tête de femme, à dr., les cheveux dans un réseau. R'. Tête de bacchante, à dr., dans un cercle indiqué par 4 lignes. EL¹ B. 50 fr.

5042. Deux têtes de veau en regard ; au milieu une branche. R'. Carré creux. POT ou billon 4 ½ B. 10 f. et TB. 15 f.

5043. La même. POT¹ 6 fr.

5044. Tête d'Apollon, à dr. R'. MYTI. Lyre entre un foudre et une massue. Æ³ 5 fr. et B. 15 fr.

5045. Tête laurée d'Apollon, à dr. R'. Lég. effacée. Tête de femme, à dr. Æ¹ F. 2 et 4 fr.

5046. Temple à quatre colonnes, un vase (?) au milieu. ℟.
MYTI. Lyre formée d'un crâne de bœuf. Æ³ B. 6 fr.

5047. Tête de femme, à dr. ℟. MYTI. Même lyre ; dans le
champ, un maillet. Æ³ 2 fr.

5048. Buste de Diane, à dr. ℟. MYTI. Lyre ord. Æ³ 2 fr.

5049. Tête de femme, à dr. ℟. MYTI. Lyre.
Æ² F. 50 c. et 1 fr.

5050. Tête d'Apollon, à dr. ℟. Légende effacée. Trépied.
Æ⁴ 2 fr.

5051. Buste du Soleil, à dr. ℟. MYTI. Trépied. Æ² 1 fr.

5052. Tête d'Apollon, à dr. ℟. MY. Tête de bœuf avec le
cou, à dr. Æ¹ 1 fr.

5053. Tête de Jupiter, à droite. ℟. MYTI. Terme sur une
proue. Æ⁴ 1 et 2 fr.

5054. Même tête. ℟. MYTI en deux lignes, dans une couronne. Æ⁴ 3 fr.

5055. Tête jeune et cornue, à dr. ℟. MYTI. Terme sur
une base. Æ³ 50 c. et 1 fr.

5056. MYTI. ΔΑ. ΜΑ. Tête de Matidie, à dr. ℟. ΠΑΝ-
ΚΡΑΤΙΔΕC. Esculape debout, à g. Æ⁴ 40 fr.

5057. ΑΥΤ. — .... ΓΕΟΥΙΠΡΟC ΙΙΕΡΤΙΝΑΞ. Buste lauré
et cuirassé de Septime Sévère, à dr. ℟. ΕΙΙΙ CTP........
ΤΟΥ CΕΚΟΥΝ. ΜΥΤΙΛΗΝΑΙΩΝ. L'empereur sacrifiant
sur un autel, à g.; derrière lui, la Victoire debout le couronne. Æ¹³ 30 fr.

5058. ΙΟΥΛΙΑ ΔΟΜΝΑ CΕΒΑCΤΗ. Buste de Julia Domna,
à dr. ℟. ΕΙΙΙ CTP. ΙΙΟ. ΙΙΟCΙΔ. ΒΑΛ. ΑΡΙCΤΟΜΑΧΟΥ
ΜΥΤΙΛΗΝΑΙΩΝ. Diane chasseresse, courant à dr.; près
d'elle, son chien. Æ¹⁰ 25 fr.

NAPI.

5059. Tête laurée d'Apollon, à dr. ℟. Lég. effacée. Tigre,
à g., se retournant à dr. Æ¹ 10 fr.

IONIA.

CLAZOMENE (*Klisma*).

5060. Partie antérieure d'un sanglier ailé, à dr. ℟. Aire
en creux divisé en deux parties inégales. Ⓡ⁴ 30 fr.

5061. La même, le creux divisé en 4 parties. Ⓡ⁴ TB. 50 f.

5062. La même. Ⓡ¹ 1/2 B. 12 fr.

19

5063. Partie antérieure d'un sanglier ailé, à g. ℞. Tête de lion, de face, dans un carré creux.   Æ² 3 et 6 fr.

5064. Partie antérieure d'un sanglier, à g.; derrière, un poisson. ℞. Tête de lion, à g., dans un carré creux.
                                                     Æ² TB. 15 fr.

5065. La même, moins belle.   Æ¹ ½ 5 et 10 fr.

5066. La même.   Æ¹ TB. 10 fr.

5067. Tête d'Apollon, de face, le palladium sur les épaules. ℞. ΚΛΑ. ΜΑΝ. Cygne, à g.   Æ³ B. 125 fr.

5068. Même tête. ℞. ΚΛΑ. ΜΗΤΡΟΔΩΡΟΣ. Même type.
                                                     Æ² B. 50 fr.

5069. Même tête. ℞. ΚΛΑ. ΦΑΝΗΣ. Cygne, à g., lissant ses plumes avec son bec.   Æ² B. 50 fr.

5070. Casque avec panache. ℞. Κ. dans un carré indiqué par quatre lignes.   Æ³ B. 4 fr.

5071. Partie antérieure d'un sanglier ailé, à dr. ℞. ΚΛΑ dans un creux divisé par une barre.   Æ¹ 1 et 2 fr.

5072. Tête de Pallas, de face, avec casque à trois aigrettes. ℞. ΠΛΕΦΑΝΙΩΝ. Bélier, à dr.   Æ⁴ 3 fr.

5073. Même tête. ℞. ΚΛΑΖΟΜΕΝΙΩΝ. Même type. Æ⁴ 1 f.

5074. Même tête. ℞. ΦΑΝΑΓΟΡΑΣ. Même type. Æ³ B. 4 f.

5075. Même tête. ℞. ΝΥΜΦΟΔΟΡ. Même type. Æ² 3 fr.

5076. Même tête. ℞. ΚΛΑΖΟΜΕΝΙΩΝ. Partie antérieure d'un bélier couché, à dr.   Æ⁴ B. 8 fr.

5077. Tête de Pallas, à dr. ℞. ΚΛΑΞΟΜΕΝΙΩΝ ΒΙΩΝ. Bélier couché, à dr.   Æ⁴ 1 fr.

5078. Même tête. ℞. ...... .ΑΝΟΚΛ. Même type, à g.
                                                     Æ¹ 1 fr.

5079. ΚΛΑΖΟΜΕΝΗ. Buste tourelé de femme, à droite. ℞. ΚΛΑΖΟΜΗΝΩΝ. Le dieu Mars debout, à dr., tenant un globe.   Æ⁴ 2 fr. et B. 6 fr.

5079 *bis*. Sans légende. Tête diadémée d'Auguste, à dr. ℞. ΚΛΑΖΟΜΕΝΙΩΝ. Bélier couché, à dr., regardant derrière lui.   Æ⁶ TB. 20 fr.

5079 *ter*. ΚΛΑΖΟ. Tête laurée d'Auguste, à dr. ℞. ΘΕΑ ΛΙΒΙΑ. Buste de Livie, à dr.   Æ³ B. 20 fr.

COLOPHON.

5080. Tête de femme, à g. ℞. ΚΟΛΟΦΩΝ. .ΩΔΑΜΑΣ. Trépied.   Æ² 8 fr.

5081. ΚΟΛΩΦΟΝΙΩΝ. Apollon, allant à dr., tenant le *plectrum* et la lyre. ΑΠΟΛΛΑΣ. Homère assis, à g., la tête appuyée sur la droite, tenant de la gauche un volume posé sur ses genoux.   Æ⁴   4 fr.

5082. Même type. ℞. ΠΥΘΕΟΣ. Même type.   Æ⁴ B. 8 fr.

5083. Tête d'Apollon, à dr. ℞. ΚΟΛΩΦΟΝΙΩΝ ΑΡΤΕΜΙΔΩΡΟΣ. Trépied.   Æ⁵   3 fr.

5084. Même tête. ℞. ΚΟΛΩΦΟΝΙΩΝ ΔΙΟΝΥΣΙΦΑΝΤΗΣ. Cavalier armé, courant à dr.   Æ⁴   1 et 3 fr.

5084 *bis*. Tête d'Apollon, à dr. ℞. ΚΟ. ΘΕΟΦΑΝΗΣ. Partie antérieure d'un cheval, à dr.   Æ³   1 et 3 fr.

5085. ΑΥΤ. Κ. Μ. ΑΝΤ. ΓΟΡΔΙΑΝΟC. Buste lauré et drapé de Gordien III, à droite. ℞. ΕΠΙ. CΤΡ. ΚΑΛΛΙΝΕΙΚΟΥ. ΚΟΛΩΦΟΝΙΩΝ. Apollon en habit de femme, assis à g., tenant la lyre et une branche de laurier.   Æ⁸   6 fr.

CHRYSOARIS (?).

5086. Lysimaque, roi. Type du nᵒ 2386. Flambeau et ΗΥΡΝ. en monogr. devant la Pallas ; dessous, le méandre.   ℞⁸ B.   30 fr.

EPHESUS (*Agusuluk, Efeso*).

5087. Abeille. ℞. Aire en creux, divisé en quatre parties.   ℞⁴ B.   20 fr.

5088. ΕΦ. Abeille. ℞. ΦΕΡΑΙΟΣ. Partie antérieure d'un cerf, à dr., se retournant à gauche ; dans le champ, un palmier.   ℞⁶ B.   100 fr.

5089. Autre, avec ΦΙΛΙΣΤΗΣ.   ℞⁶   50 fr.

5090. Autre, avec ΟΛΥΜΠΙΧΟΣ (?).   ℞⁶   50 fr.

5091. Autre, le nom du magistrat effacé.   ℞⁶   15 fr.

5092. ΕΦ. Abeille. ℞. ΑΠΟΛΛΩΝΙΔΗ. Cerf debout devant un palmier.   ℞⁴ B.   8 fr.

5093. Autre, avec ΔΗΜΟΚΡΑΤΙΔΗ.   ℞⁴   6 fr.

5094. Autre, avec ΑΡΜΕΝΙΣΣΥ..   ℞⁴   6 fr.

5095. Autre, avec ΑΥΤΟΜΕΔΑ (?).   ℞⁴ B.   8 fr.

5096. La même ; fourrée.   ℞⁴   2 fr.

5097. Tête de femme, à g., les cheveux relevés. ℞. Abeille.   ℞³   6 fr.

5098. Ciste mystique d'où sort un serpent ; le tout dans une couronne de lierre. ℞. ΕΦΕ. Deux serpents autour d'un carquois ; dans le champ, une torche allumée ; au-de sus du carquois, la fleur de la *Persea ;* dans le champ, N. B.   Æ⁸ TB.   30 fr.

5099. Autre, un vase au-dessus du carquois ; dans le ch., ΞΛ.   Æ⁸ B.   30 fr.

5100. Autre ; candélabre à trois flambeaux au-dessus du carquois.   Æ⁸   20 fr.

5101. Autre ; dans le champ, à dr., une figure sur un cerf courant, à dr.   Æ⁸   15 fr.

5102. Autre, seulement une torche dans le champ, à dr.
                                                Æ⁹   15 fr.

5103. Alexandre le Grand. Type du n° 2780. Devant le Jupiter, abeille et ΕΦΕ.   Æ⁸   15 fr.

5104. Abeille. ℞. Deux bustes de cerfs affrontés. Æ¹ 1 fr.

5105. Lᴅ. Abeille. ℞. ...ΥΚΡΑΤΗΣ. Partie antérieure d'un cerf, à dr., se retournant.   Æ²   2 fr.

5106. Même type, sans nom de magistrat.   Æ² B.   2 fr.

5107. ΕΦ. Abeille. ℞. MP en monogr. Cerf debout, à dr., devant un palmier.   Æ⁴   2 fr.

5108. Même type. ...ΛΙΡ....   Æ⁴   1 fr.

5109. ΕΦ. Abeille. ℞. ...ΚΕΣΙ.. Cerf paissant, à dr.; au-dessus, massue.   Æ⁴   2 fr.

5110. ΕΦ. Abeille. ℞. Cerf couché, à g., se retournant à droite.   Æ²   50 c., 1 et 2 fr.

5111. ΕΦ. Abeille dans une couronne. ℞. ΑΡΤΕΜΙΔΩΡ. Cerf, à dr., se retournant.   Æ²   50 c. et 2 fr.

5112. Tête de Diane, à droite. ℞. ΕΦ.   .: ΜΑΧΟΖ. Partie antérieure d'un cerf, à dr., se retournant à g.   Æ⁴ 3 fr.

5113. Tête de Bacchus jeune, à dr. ℞. Abeille.   Æ³ 2 fr.

5114. Buste de Diane, à dr. ℞. Légende confuse. Partie antérieure de cerf, à dr.   Æ³ 1 fr.

5115. Même buste. ℞. ΔΗΜΗΤΡΙΟΣ. ΚΩΚΟΣ. ΣΩΠΑΤΡΟΣ. Deux cerfs, debout, séparés par une longue torche allumée.   Æ⁵   2 et 6 fr.

5116. Cerf à dr.; au-dessus, un grand astre. ℞. ΕΥΚΛΗΣ. ΚΡΑΤΙΝΟ... Diane d'Éphèse, de face.   Æ³ B.   8 fr.

5117. ΕΦ. ϹΚΩΠΙ. Cerf couché, à g., regardant à droite. ℞. ΚΗΡΙΛΙϹΩΔΕ. ΠΡΟϹ. ΠΑΛΥΡΙΝ. Abeille. Æ⁴ B. 4 f.

5117 *bis.* Tête tourelée de femme, à gauche. ℞. ΕΦ. Abeille.
                                                Æ¹   1 fr.

5118. Sans légende. Bustes accolés d'Auguste et Livie, à droite. ℟. ΕΦΕ. ΦΙΛΩΝ. ΤΡΙΦΩΝΑΣ. Partie antérieure de cerf, à dr., se retournant ; derrière lui une torche allumée. Æ⁷ 8 fr.

5119. Même tête. ℟. ΑΡΧΙΕΡ. ΑΣΚΛΕΠ. Cerf debout, à droite. Æ⁵ F. 1 fr.

5120. Même tête. ℟. ΕΦΕΣΙΑ. Diane d'Éphèse debout, de face. Æ⁴ 4 fr.

5121. IMP. CAES. VESPAS. AVG. COS. III. TP. P. P. P. Tête laurée de Vespasien, à dr. ℟. AVG. et EPHE en monogr., au milieu d'une couronne. Æ⁴ 12 fr.

5122. Même tête. ℟. PACI AVGVSTAE EPHE. Victoire allant à droite. Æ⁴ 15 fr.

5123. Même tête, mais COS II. ℟. PACI. ORB. PERP. AVG. Buste tourelé de femme, à droite. Æ⁴ B. 30 fr.

5124. ΔΟΜΙΤΙΑΝΟC. ΚΑΙCΑΡ. CΕΒΑCΤΟC ΓΕΡΜΑΝΙΚΟC. Tête laurée de Domitien, à dr. ℟. ΑΡΤΕΜΙC ΕΦΕCΙΑ. Diane d'Éphèse entre deux cerfs. Æ⁹ 8 fr.

5125. HADRIANUS. AVG. COS. III. PP. Buste lauré et drapé d'Hadrien, à dr. ℟. DIANA EPHESIA. Diane d'Éphèse au milieu de deux cerfs. Æ⁸ 30 fr.

5126. Même légende. Tête nue d'Hadrien, à dr. ℟. DIANA EPHESIA. Diane d'Éphèse dans un temple. Æ⁷ F. 25 fr.

5127. T. ΑΙΛΙΟC. ΚΑΙCΑΡ. ΑΝΤΩΝΕΙΝΟC. Buste lauré et drapé d'Antonin, à dr. ℟. .... ΓΡΑΜΜΑΤΕΟC ΑΝΔΡΟΚΛΟC ΕΦΕCΙΩΝ. Cavalier au galop, à dr., poursuivant un sanglier. Æ¹¹ B. 60 fr.

5128. Même buste. ℟. ΕΠΙ ΠΑΙΤΟΥ. ΓΡΑΜΜΑΤΕΟC. ΑΡΤΕΜΙC. ΕΦΕCΙΩΝ. Type du nº 5125. Æ⁸ B. 15 fr.

5128 *bis.* ΑΥΤ. ΑΙΛ. ΑΔΡΙΑ. ΑΝΤΩΝΕΙΝΟC. Même buste. ℟. ΚΟΙΝΩΝ. ΑCΙΑC. ΕΦΕCΙΩΝ. Diane d'Éphèse avec ses supports au milieu de la Victoire et d'une femme tourelée, debout, tenant une patère et la haste. Æ¹⁰ 20 fr.

5129. ΑΥΤ. ΚΑΙ. ΑΝΤΩΝΕΙ. Tête laurée d'Antonin, à d.. ℟. ΕΦΕCΙΟΝ. Sanglier, à dr. Æ⁴ 1 fr.

5130. ...... ΑΝΤΩΝΕΙΝΟC. Α. ΚΑΙ. Buste lauré et drapé de Marc-Aurèle, à dr. ℟. ΦΑΥCΤΕΙΝΑ CΕ. ΕΦΕCΙΩΝ. B. NE. ΠΡ. Buste de Faustine jeune, à dr. Æ¹⁰ B. 15 fr.

5131. ΦΑΥCΤΕΙΝΑ CΕ.... Buste de Faustine jeune, à dr. ℟. ΕΦΕCΙΩΝ en trois lignes dans une couronne. Æ⁵ 5 f.

5132. Même buste, à g. ℞. APTEMIC EΦECIA. Type du n° 5125.   Æ⁹ 8 fr.

5133. OYHPOC KAI. Buste lauré et drapé de Vérus, à dr. ℞. EΦECIΩN. B. N. Cerf, à dr.   Æ⁴ 4 fr.

5134. M. AYP. KOMOΔOC KAIKAP. Buste drapé de Commode, césar, à dr. ℞. APTEMIC EΦECIΩN. Type du n° 5125.   Æ⁹ TB. 40 fr.

5135. Même buste. ℞. EΦECIΩN B. NEO. La Fortune debout, à g.   Æ⁶ 6 fr.

5136. M. AYPEΛ. KOMOΔOC. Tête laurée de Commode, empereur, à dr. ℞. EΦECIΩN B. NEOK. Diane saisissant un cerf par les cornes.   Æ⁵ 2 fr.

5137. AY. KAI. M. AY. ANTΩNINOC. Buste lauré et drapé de Caracalla jeune, à dr. ℞. EΦECIΩN B. NEOKOPΩN. Femme tourelée, debout, tenant de la droite Diane d'Éphèse; de la gauche une corne d'abond.   Æ⁶ 5 fr.

5138. AYT. K. M. AY. ANTΩNEINOC. Buste lauré et drapé de Caracalla, à dr. ℞. EΦECIΩN. TPIC. NEΩKOPΩN. Carpentum traîné par deux chevaux allant à dr. Æ⁹ 10 f.

5139. ..... ANTΩNEINOC. Tête laurée de Caracalla, à droite. EΦECIΩN. Sanglier courant à dr.   Æ⁴ 2 fr.

5140. .II .CEHT. ΓETAC. KAIKAP. Buste drapé de Géta, césar, à dr. ℞. EΦECIΩN B. NEOKOPΩN. La Fortune debout, à g.   Æ⁴ 5 fr.

5141. M. OHEΛ. MAKPEINOC. Buste lauré de Macrin, à dr. ℞. EΦECIΩN. Sanglier percé d'une flèche, courant à droite.   Æ⁴ B. 15 fr.

5142. AYT. K. M. AYP. ANTΩNEINOC. Buste lauré et drapé d'Élagabale, à dr. ℞ EΦECIΩN. Δ. NEOKOPΩN. Diane d'Éphèse dans son temple.   Æ⁵ B. 5 fr.

5143. AYP. ANTΩNEINOC. Même buste. ℞. EΦECIΩN. Cerf à dr.   Æ³ 1 fr.

5144. Même buste, les épaules nues. ℞. EΦECIΩN. Sanglier percé d'un trait.   Æ³ 2 fr.

5145. AYT. K. M. AYP. AΛEΞANΔPOC. ... Buste lauré et drapé de Sévère Alexandre, à dr. ℞. EΦECIΩN Δ. NEΩKOPΩN. La Fortune debout, à g.   Æ⁶ 3 fr.

5146. MAΞIMEINOC. AYΓ. Buste lauré et drapé de Maximin Iᵉʳ, à dr. ℞. EΦECIΩN. Cerf à dr.   Æ³ 5 fr.

5147. Même buste. ℞. EΦECIΩN. Sanglier cour. à dr. Æ³ 2 f.

5148. AYT. K. M. ANT. ΓOPΔIANOC. Buste lauré de Gordien III, à dr. R'. EΦECIΩN AΛEΞANΔPEΩN. Sérapis assis, à g., tenant sur la droite Diane d'Éphèse. Æ⁸ 6 fr.

5149. AYT. K. M. IOY. ΦIΛIΠΠOC. Buste lauré et drapé de Philippe Ier, à dr. R'. EΦECIΩN ACIAC. Galère avec des rameurs. Æ⁶ 2 fr.

5150. AYT. K. ΠO. ΛIKINI. BAΛEPIANOC. Buste lauré et drapé de Valérien père, à dr. R'. EΦECIΩN. Γ. NEOKO-PΩN. Diane chasseresse, marchant à dr., avec son chien. Æ⁷ 3 fr.

5151. Même buste. R'. Même légende. Cérès, à dr., tenant un long flambeau. Æ⁷ 2 fr.

5152. Même buste. R'. EΦECIΩN. TYXH. La Fortune sacrifiant, à g. Æ⁵ 3 fr.

5153. AYT. K. ΠO. ΛIKI. ΓAΛΛIHNOC. Buste lauré et drapé de Gallien, à dr. R'. EΦECIΩN. B. NEOKOPΩN. Diane chasseresse, la droite tendue, tenant de la gauche arc et flèche. Æ⁸ TB. 6 fr.

5154. Même buste. R'. EΦECION. Γ. NEOKOPΩN. Diane chasseresse, à dr., prenant de la droite une flèche dans son carquois. Æ⁸ 2 et 3 fr.

5155. Même type. Æ⁵ B. 4 fr.

5156. Même buste. R'. EΦECIΩN. Δ. NEOKOPΩN. Diane des montagnes debout, à dr., les jambes croisées. Æ⁷ 4 f.

5157. Même buste. R'. EΦECIΩN. Γ. NEOKOPΩN. Figure virile nue, à dr., tenant sur l'épaule la dépouille d'un sanglier ; derrière, un arbre. Æ⁷ 4 fr.

5158. Même buste. R'. EΦECIΩN TYKH. La Fortune sacrifiant, à g. Æ⁵ TB. 5 fr.

5159. CAΛΩN. XPYCOΓONH CEBA. Buste de Salonine, à dr., sur un croissant. R'. Légende et type du n° 5154. Æ⁷ 4 fr.

5160. CAΛ XPYCOΓONH. C. Même buste. R'. Légende et type du n° 5141. Æ⁷ B. 5 fr.

5161. ΛIKI CAΛONEI. .. Même buste, sans le croissant. R'. Type du n° 5153. Æ⁴ 1 fr.

CONCORDIA EPHESUS *cum* SMYRNA.

5162. ΔOMITIANOC KAICAP. CEBACTOY. ΓEPMANIKOC. Tête laurée de Domitien, à dr. R'. EΠI ANΘYΠATOY.

ΓΟΥΓΩΝΟΣ ΟΜΟΝΟΙΑ. ΕΦΕ. CMYP. Diane d'Éphèse entre deux Némésis debout. Æ⁹ 15 fr.

ΕΠΑΕ.

5163. Tête de Cérès, à gauche. ℞. ΕΡΑΙ dans une couronne d'épis. ℞² B. 40 fr.

Mionnet, d'après tous les anciens auteurs, avait classé cette pièce à Eresus de Lesbos, mais il n'avait lu que ΕΡ.; et la pièce que nous publions aujourd'hui nous semble repousser l'ancienne attribution. L'orthographe donnée par les anciens auteurs à la ville d'Erae est tout à fait semblable à celle de la pièce que nous publions ici.

ERYTHRAE *(Eritra)*.

5163 *bis*. Tête d'Hercule jeune, à dr. ℞. ΕΡΥ. ΑΠΕΛΛΑΣ. Arc, carquois et massue ; dans le champ, une chouette. ℞³ B. 12 fr.

5164. La même, avec ΑΡΙΣΤΕΑΣ. ℞³ B. 12 fr.

5165. Autre, avec ΔΙΟΓΕΙΟΗΣ. ℞³ B. 12 fr.

5166. Autre, avec ΜΟΛΙΩΝ. ℞³ B. 12 fr.

5167. Autre, avec ΦΑΝΟΘΕΜΙΣ. ℞³ B. 12 fr.

5168. Tête d'Hercule jeune, à g. ℞. ΕΡΥ. Arc, carquois et massue. ℞² F. 4 fr.

5169. Tête d'Hercule jeune, à dr. ℞. ΕΡΥ. Arc, massue et thyrse en sautoir. Æ¹ 3 fr.

5170. Même tête. ℞. ΕΡΥ. ΑΓΑΣΙΚΛΗΣ. ΑΝΤΙΠΑΤΡΟΥ en quatre lignes. Æ³ 2 fr.

5171. La même ; ΕΡΥ. ΑΠΩΛΛΟΝΙΟΣ ΑΠΟΛΛΟΔΟΤΟΥ, en cinq lignes. Æ³ 1 fr. et B. 3 fr.

5172. Autre, ΕΡΥ ΑΥΤΟΝΟΜΟΣ. ΑΥΤΟΝΟΜΟΥ, en cinq lignes. Æ³ 1 et B. 2 fr.

5173. Autre, ΒΑΤΑΚΟΣ ΠΑΡΑΝΟΜΟΥ ΕΡΥ, en quatre lignes. Æ³ 2 fr.

5174. Autre, ΕΡΥ ΔΑΜΑΛΕΣ. ΑΡΧΕ. ΑΝΑΚΤΟΣ, en quatre lignes. Æ³ B. 3 fr.

5175. Autre, ΕΡΥ. ΔΕΙΝΟΜΕΝΗΣ ΗΡΑΚΛΕΟΥ, en cinq lignes. Æ⁴ 2 fr.

5176. Autre, ΕΡΥ. ΜΗΤΡΑΣ ΔΑΜΑΛΟΥ, en quatre lignes. Æ³ 2 fr.

5177. Autre, ΕΡΥ ΦΙΛΩΝ ΗΡΟΖΟΝΤΟΣ, en quatre lignes. Æ³ B. 3 fr.

5178. Autre, ΠΟΛΙΚΡΙΤΟΣ ΠΟΛΙΚΡΙΤΟΥ ΕΡΥ, en cinq lignes. Æ³ 2 fr.

5179. Tête d'Hercule jeune, à dr. ℞. ΕΡΥ. ΑΓΑΣΙΚΛΗΣ. Arc, carquois et massue ; dans le ch., un Terme. Æ² 2 f.

5180. Autre, ΕΡΥ. ΑΣΚΛΗΠΙΑΔΗΣ. Carquois et massue. Æ² TB. 4 fr.

5181. Autre, ΕΡΥ. ΔΙΟΝΥΣΙΟΣ. Même type. Æ³ 3 fr.

5182. Autre, ΕΡΥ. ΕΡΜΩΝ. Même type ; dans le champ, un cygne (?). Æ² 2 fr.

5183. Autre, ΕΡΥ. ΜΕΤΡΟΔΩΡΟΣ. Arc et carq. Æ³ 2 fr.

5184 Autre, ΕΡΥ. ΘΕΡΜΟ. Même type. Æ² 2 fr.

5185. Autre, ΕΡΥ. ΠΑΤΡΕΩΣ. Même type. Æ² B. 3 fr.

5186. Autre, ΠΡΑΞΙΠΠΟΣ. ΕΝ. ΤΟΥ. ΕΡΥ. Même type ; dans le champ, tête de face. Æ⁴ TB. 4 fr.

5187. Autre, ΕΡΥ. ΑΤΡΑΤΙΩΣ. Arc, carquois et massue. Æ² TB. 6 fr.

5188. Autre, ΕΡΥ. ΤΛΟΡΕΑΣ. Même type. Æ⁴ 3 fr.

5189. La même. Æ² B. 2 fr.

5190. Autre, ΕΡΥ. ΧΑΡΜΑΣ. Æ³ 1 fr.

5191. Tête barbue d'Hercule, à dr. ℞. ΙΑΤΡΟΚΛΕΟΥΣ. ΗΡΑΚΛΕΟΥΣ. ΕΡΥ. Massue et carquois. Æ³ B. 3 fr.

5192. Même tête. ℞. ΗΡΑΚΛΕΟ. ΕΠΙΚΟΥΡΟΥ. Arc, carquois et massue ; dans le champ, abeille. Æ³ B. 3 fr.

5193. Même tête, à g. ℞. ΕΡΥ. ΑΜΙΜΩΝ. ΕΡΜΟ. ΤΡΥΦΟΥ, en quatre lignes. Æ³ 2 et 3 fr.

5194. Autre, ΕΡΥ. ΑΡΙΩΝ ΑΠΟΛΛΩΝΙΟΥ, en cinq lignes. Æ⁴ 2 fr.

5195. Autre, ΕΡΥ. ΠΟΣΕΙΔΩΝΙΟC. ΗΡΑΚΛΕΟΥ. ΤΟΥ. ΕΠΙΚΟΥΡΟΥ, en cinq lignes. Æ⁴ 2 fr.

5196. Même tête, à dr. ℞. ΕΡΥ. ΜΗΤΡΩΝ. ΑΘΗΝΟΔΟΡΟΥ, en quatre lignes. Æ⁶ 6 fr.

5196 *bis.* Tête de Bacchus jeune, à dr. ℞. ΕΡΥ. ΑΥΤΟΝΟΜΟΣ. ΑΥΤΟΝΟΜΟΥ, en cinq lignes. Æ³ B. 3 fr.

5196 *ter.* Même pièce. ΜΕΤΡΑΣ. ΛΙΜΑΛΟΥ. ΕΡΥ, en trois lignes ; dans le champ, grappe de raisin. Æ³ TB. 4 fr.

5197. Autre, ΠΟΛΙΚΡΙΤΟΣ. ΠΟΛΙΚΡΙΤΟΥ. ΕΡΥ, en cinq lignes. Æ³ 2 fr.

5198. Tête casquée de Pallas, à dr. ℞. ΕΡΥ. ΔΙΟΝΥΣΙΟΥ. ΙΑΤΡΟΚΛΕΟΥΣ, en quatre lignes. Æ² 2 fr.

5199. Même tête. R'. EPY. ΦΙΛΩΝ. ΗΡΟΣΩΝΤΟΣ, en
quatre lignes. Æ² B. 4 fr.
5200. Même tête. R'. ΠΟΛΙΚΡΙΤΟΣ. ΠΟΛΙΚΡΙΤΟΥ ΕΡΥ,
en cinq lignes. Æ² 3 fr.
5201. Arc et carquois. R'. EPY. EPOΔOTOY. Massue.
Æ² 2 fr.
5202. ΕΡΥΘΡΑΙ. Buste tourelé de femme, à dr. R'. ΕΡΙ-
ΘΡΑΙΩΝ. Proue. Æ² 2 et B. 4 fr.
5203. Même tête. R'. ΕΡΥΘΡΑΙΩΝ. Réchaud (?) allumé.
Æ⁴ 3 fr.
5204. ΕΡΥΘΡΑΙΩΝ. Buste voilé de Cérès, à g., tenant des
épis et une corne d'abondance. R'. ΕΠΙ. CT. ΑΙΛ. ΠΑ.
ΔΙΟΓΕΝΙΑΝΟΥ. ΤΟ. B. Hercule debout, à dr., tenant
sa massue levée et la dépouille du lion. Æ⁷ 4 fr.
5205. ΑΥ. ΝΕΡ. ΤΡΑΙΑΝΩΝ. Buste lauré de Trajan, à dr.
R'. ΕΠΙ. CTPΑ. ΠΡΕΙΜΟΥ. ΕΡΥΘΡΑ. Cérès debout, à
gauche. Æ⁷ B. 20. fr.
5205 bis. Α. Κ. Μ. ΑΥΡ. CΕΥ. ΑΛΕΖΑΝΔΡΟΖ. Buste lauré
et drapé de Sévère Alexandre, à dr. R'. ΕΠΙ. CTP. ΠΟ.
ΑΙΑ. ΑΤΤΑΛΟΥ. Τ. B. ΕΡΥΘΡΑΙΩΝ. Cérès debout, à g.,
tenant des épis et un flambeau. Æ⁸ 6 fr.

GAMBRIUM.

5206. Tête d'Apollon, à droite. R'. ΓΑΜ. Grand astre.
Æ⁴ 2, 3 et B. 5 fr.
5207. Même pièce. Æ¹ 2 et 3 fr.
5208. Même tête. R'. ΓΑΜ. Trépied. Æ⁴ B. 6 fr.

HERACLEA.

5209. Tête casquée de Pallas, à dr. R'. ΗΡΑΚΛΕΩΤΩΝ.
Arc, carquois et massue dans une couronne. (Très-belle
patine verte.) Æ⁴ TB. 30 fr.
5210. Tête de femme, à dr. R'. ΗΡΑ. ΡΟΜΗ. Massue dans
un carré creux. Æ¹ 3 fr.
5211. Victoire portant un trophée, allant à g. R'. ΗΡ. Massue dans une couronne. Æ² 4 fr.
5212. Tête d'Hercule jeune, à dr. R'. ΗΡ. ΑΥ. Carquois et
massue. Æ¹ 3 fr.
5213. Tête barbue d'Hercule, à dr. R'. ΗΡΑΚΛΕ. Massue
dans une couronne. Æ² 3 fr.

5214. Corne d'abondance d'où pendent deux grappes de raisin entre deux épis. ℞. HPAKΛEΩTΩN. Massue.
Æ⁴ 8 fr.

5215. Jupiter assis, à g. ℞. Légende effacée. Massue dans une couronne. Æ⁴ 1 fr.

5216. ΣΕΒΑΣΤΟΣ. Tête nue d'Auguste, à dr. ℞. AΠOΛ-ΛΟΝΟΣ. AΠOΛΛONIOY. ΗPAKΛHΩT.. Hercule debout, à g., tenant la massue posée sur le bras g. Æ⁴ TB. 20 fr.

5217. Π. CEΠT. CEOYHPOC. Buste lauré et drapé de Septime Sévère, à droite. ℞. HPAK. Diane allant à droite. Æ² F. 2 fr.

5218. IOYΛIA. ΔOMNA. CEBACT. Buste de Julia Domna, à droite. ℞. HPAKΛEΩTΩN. Diane d'Éphèse dans son temple. Æ⁵ B. 20 fr.

5219. Même buste. ℞. HPAKΛEΩTΩN. Amazone debout entre Pallas et une autre femme. Æ⁸ 10

LEBEDUS (Sivri-Hyssar).

5220. Tête barbue d'un satyre, à dr. ℞. Deux têtes de bélier se heurtant, dans un carré creux. EL¹ 40 fr.

5221. Tête jeune casquée, à dr. ℞. Chouette dans un carré indiqué par quatre lignes. EL¹ TB. 80 fr.

5222. Deux têtes de veau affrontées. ℞. Tête de sanglier (?) dans un carré creux. Æ ½ 4 fr.

5223. Tête de Bacchus jeune, à dr. (?) ℞. Deux têtes de veau en regard. Æ¹ 2 fr.

MAGNESIA (Aidin, Ghiusel-Hyssar).

5224. Cavalier armé de toutes pièces, courant à droite. ℞. MAΓN. Bison cornupète, à g., sur le méandre ; derrière, un épi. Æ² TB. 12 fr.

5225. La même, avec MAΓN. MEANΔPOΣ. Æ² 5 et B. 12 f.

5226. Autre, MAΓN. ΣAPOΣ. Æ² 8 fr.

5227. Autre, MAΓN. MAΣI... Æ² TB. 12 fr.

5228. Autre, MAΓN. KΛEAPXO. Bison, à gauche, sans le méandre. Æ⁴ 3 fr.

5229. Autre, MAΓN. EYKΛHΣ. OΠΙΔΑ (?). Æ⁴ 3 fr.

5230. Autre, MAΓN. ΠOΛΛIΣ. Æ² 50 c., 1 et 2 fr.

5231. Autre, MAΓN. ΔAMHΣOY. Æ¹ 2 fr.

5232. Autre, MAΓN. ANTIOXOY. Æ¹ 2 fr.

5233. Autre, **MAΓN. EKAION.** Æ¹ 1 fr.

5234. Autre, **MAΓN. ΠOΣI.** Æ¹ 1 fr.

5235. Autre, nom de magistrat illisible. Æ⁵ 50 c.

5236. Tête jeune laurée, à dr. ℞. Bison cornupète, à g. Æ¹ 50 c. et 1 fr.

5237. Tête de Diane, à droite. ℞. **MAΓNHTΩN. EYKΛHΣ. KPATIN..** Bison, à dr. Æ⁴ B. 6 fr.

5238. Tête de Pallas, à droite. ℞. Même légende. Cavalier courant, à dr. Æ⁴ 2 fr.

5239. Même tête. ℞. Légende effacée. Bison cornupète, à droite. Æ⁴ 2 fr.

5240. Tête de Vénus, à dr. ℞. Légende effacée. Cavalier courant, à dr. Æ⁴ 2 fr.

5241. .... **CIIIYΛ.** Tête barbue, à dr. ℞. **MAΓNHTΩN.** Esculape allant à dr. et se retournant à g. Æ⁴ B. 10 fr.

5242. **ΘEON CYNKΛHTON.** Buste du Sénat, à droite. ℞. ...... **MAΓNHTΩN.** Bacchus debout, à g., tenant la haste et le *cantharum*; à ses pieds, une panthère. Æ⁵ 4 f.

5242 *bis*. **CIIIYΛOY.** Tête nue et barbue. ℞. **MAΓNHTΩN.** Trépied. Æ⁴ 6 fr.

5243. **ΔOMITIA. CEBACTH.** Buste de Domitia, à dr. ℞. **MAΓN...** Femme couchée, à g.; sous son coude une urne renversée. Æ² F. 3 fr.

5244. **AY. K. TPAI. AΔPIANOC.** Tête laurée d'Hadrien, à droite. ℞. **MAΓNHTΩN.** Diane d'Éphèse, au milieu d'un temple. Æ⁷ B. 20 fr.

5245. **IOYΛIA. MAMAIAC. C. B.** Buste de Mamée, à dr. ℞. **ΓPA. ΦΩTEINOY. MAΓNHTΩN.** Le dieu Lunus debout, de face, tenant deux longs flambeaux. Æ⁸ 6 fr.

METROPOLIS (*Turbali*).

5246. **AYT. KAI. Π. ANT. ΓOPΔIANOC.** Buste lauré de Gordien III, à dr. ℞. **MHTPOΠOΛEITΩN. TΩN. EN. IΩNIA.** Cybèle assise entre deux lions, à g. Æ⁸ 4 fr.

5247. **M. ΩTAK. CEOYHPA. CEB.** Buste d'Otacille, à dr. ℞. Même légende. L'empereur debout, à g., se retournant vers Mars, également debout. Æ⁸ 10 fr.

5248. **AYT. K. ΠO. ΛIKIN. ΓAΛΛIHNOC.** Buste lauré et drapé de Gallien, à dr. ℞. **EΠ. CT. AYPE. EYΠOPOY. B. METPOΠOΛEITΩN.** La Fortune deb., à g. Æ⁷ B. 15 f.

MILETUS (*Balat, Palaisca, Milet*).

5249. Tête laurée d'Apollon, à dr. ℞. ... ΤΩΝ. Lion, à dr., se retournant à gauche; devant un astre; dans le champ, MI et un autre monogr. (2 drachmes.) Æ⁴ 30 fr.

5250. Même tête, à g. ℞. ΑΝΤΙΙΙΑΣ. Lion, à g.. dans la même attitude. (drachme.) Æ³ 5 fr.

5251. La même, avec ΑΡΤΕΜΩΝ. Æ³ 5 fr.

5252. Autre, avec ΔΗΝΑΙΟΣ. Æ³ B. 8 fr.

5253. Autre, avec ΔΗΜΑΙΝΟΣ. Æ³ 7 fr.

5253 *bis.* Tête laurée d'Apollon, de face. ℞. ΦΙΛΙΣΚΟΕ. Lion se retournant. Æ³ 3 fr.

5253 *ter.* Même tête. ℞. Légende effacée. Lion, à g., se retournant. Æ⁴ 1 fr.

5253 *quater.* Même tête. ℞. ΕΙΩΝΙΔ. Lion, à dr., se retournant. Æ¹ 1 fr. et B. 4 fr.

5254. Autre, avec ΠΟΣΙΣ. (1/2 drachme.) Æ² F. 2 et 3 fr.

5255. Apollon-*Didymæus* nu debout, à dr., tenant un arc et un petit cerf. ℞. ΜΙΛΗΟΙΩΝ. Lion couché, à dr., regardant un astre placé derrière lui. Æ⁴ 50 c., 1 et 2 fr.

5256. La même, avec ...ΥΡΟΣ. Dans le ch., A. Æ⁴ B. 4 f.

5257. Tête laurée d'Apollon, à dr. ℞. MI. en monogr. et ΔΙΟΦΑΝΤΟΣ. Lion debout, à dr., regardant à gauche; un grand astre. Æ⁴ 2 fr.

5258. La même, avec ΔΙΟΝΥΣΙΟΥ. Æ⁴ 2 fr.

5359. Autre, avec ΜΟΛΟΣΣΟΣ. Æ⁴ TB. 8 fr.

5260. Autre, avec ΣΙΜΟΝ. Æ⁴ 2 fr.

5261. Autre, avec ΘΕΩΔΡΟΣ. Æ⁴ 2 fr.

5262. Autre, nom de magistrat effacé. Æ⁴ 50 c. et 1 fr.

5263. La même. Æ² 50 c. et 1 fr.

5264. MI en monogr. Lion, à g., se retournant. ℞. Fleur épanouie. Æ² 1 et 2 fr.

5265. Alexandre le Grand. Type du n° 2780. Dans le ch., devant le Jupiter, le lion et le monogr. de Milet; derrière, ΥΕ et ΦΛ en monogr. Æ⁸ 15 et 20 fr.

5266. ΑΥΤΟ. ΤΡΑΙΑΝΟϹ. ΑΔΡΙΑΝΟϹ. Buste lauré et drapé d'Hadrien, à dr. ℞. ΚΤΙϹΤΗϹ ΜΙΛΗΤΟϹ. L'empereur allant à g., armé d'un bouclier et d'une lance. (Exemplaire du cabinet Tochon.) Æ⁶ 20 fr.

5267. ΦΑΥϹΤΙΝΑ. ϹΕΒΑϹΤΗ. Buste de Faustine jeune, à

droite. R'. EIII. ΘEMICTOKΛEOYC. MIAHCI. Apollon-*Didymeus* deb., à g., portant un cerf et un arc. Æ⁵ B. 8 fr.

5268. Légende effacée. Buste lauré de Septime Sévère, à dr. R'. .... MIAHCIΩN. Vénus-*Paphienne* au milieu de Diane et Apollon, debout. Æ¹⁰ F. 8 fr.

5269. IOYΛIA ΔOMNΛ CEBΛC. Buste de Domna, à dr. R'.... ΛHΓΗCΛNΛPOY. MIAHCIΩN. Type du n° 5267. Æ⁷ 6 fr.

5270. Même tête. R'. EIII APX.... COTHPIOY MIAHCIΩN. Même type. Æ⁷ 4 fr.

MYUS.

5270 *bis*. Tête laurée d'Apollon, à droite. R'. MYH. Oie ou cygne, à dr., entouré du méandre. Æ⁴ 50 fr.

Voir la Notice publiée par M. Waddington, *Mélanges de numismatique*, p. 27.

PHOCAEA (*Foya, Foggia, Fokia. Vecchia, le Foglieri*).

5271. Tête imberbe casquée, à dr. R'. Tête imberbe tourelée, dans un carré creux. EL¹ 35 fr.

5272. Tête de bacchante, à dr. R'. Tête de Bacchus jeune, dans un carré. EL¹ 30 fr.

5273. Tête de jeune femme, à g., les cheveux retenus par un bandeau. R'. Creux divisé en quatre parties. EL¹ 20 f.

5274. Tête de femme, à g., tous les cheveux relevés. R'. Même creux. EL¹ B. 40 fr.

5275. Tête de Bacchus jeune, à gauche. R'. Même creux. EL¹ B. 40 fr.

5276. Tête de bacchante, à g. R'. Même creux. EL¹ 25 fr.

5277. Tête de Diane à gauche; dessous, un poisson. R'. Le même. EL¹ 25 et 30 fr.

5278. Même tête, sans le poisson. R'. Le même. EL¹ 30 fr.

5279. Tête de femme, à g., les cheveux dans un reticulum. R'. Le même. EL¹ 30 et 40 fr.

5280. Tête jeune casquée, à gauche. R'. Même creux. EL¹ 25 et 35 fr.

5281. La même; l'électrum très-bas. EL¹ 8 fr.

5281 *bis*. Partie antérieure d'un phoque couché, à dr. R'. Carré creux informe. Æ⁵ 30 fr.

5282. Tête virile casquée, à gauche. R'. Même carré creux. Æ¹ 15 fr.

5283. Tête de femme, à g. ℞. Tête de griffon, à g. (Allier, pl. **xv**, n° 13.)   Æ¹   2 fr.

5284. Tête de Pallas, à dr. ℞. ΦΩΚΑΙΕΩΝ. Griffon, à dr.; au-dessus, bonnets des Dioscures.   Æ⁴   3 fr.

5285. Tête de Mercure, à dr. ℞. ΦΩ. ΤΙΜΟΘΕΟΣ. Partie antérieure d'un griffon, à dr.   Æ³   3 fr.

5286. ΦΩΚΑΕΩΝ. Buste tourelé de femme, à dr. ℞. Griffon, à dr., la patte sur une roue.   Æ³   3 fr.

5287. ΦΩΚΑΕΑ. Même buste. ℞. ΦΩΚΑΕΩΝ. Chien, à dr., dévorant un dauphin.   Æ⁴   1, 2 et 3 fr.

5288. Même buste. ℞. ΦΩΚΑΙΩΝ. Pallas armée, debout, à g.   Æ³ B.   4 fr.

5289. ΙΕΡΑ CΥΝΚΛΗΤΟC. Buste du Sénat, à dr. ℞. ΕΠΙ. C. ΑΥ. ΑΠΦΙΑΝΟΥ. ΦΩΚΑΙΕΩΝ. Jupiter assis, à g.   Æ⁶   2 et 4 fr.

5289 *bis.* Alexandre le Grand. Type du n° 2780 ; dans le champ, Φ et partie antérieure d'un griffon. ℞⁴ TB. 8 fr.

PHILILIUS.

5290. Même buste. ℞. ΕΠΙ. C. Μ. ΑΥΡ. ΘΕΟΛΟCΙΑΝΟΥ. ΦΩΚΑΙ. Pallas debout, à g.   Æ⁶ F.   2 fr.

5291. Même buste. ℞. ΕΠΙ. C. ΑΥΡ. ΕΥΤΥΧΟΥ. C. B. ΦΩΚ. Les Dioscures debout, armés à dr.   Æ⁶   8 fr.

5292. ΑΥ. Κ. Μ. ΑΥΡ. ΚΟΜΜΟΛΟC. Buste lauré et drapé de Commode, à dr. ℞. CΤΡΑ. ΗΡΑΚΛΕΙΛΟΥ. ΑCΚΛΕΠ. Τ. B. ΦΩΚΑΕ. Cybèle et une femme tourelée debout, à gauche.   Æ⁸   10 fr.

5293. ΙΟΥΛΙΑ ΛΟΜΝΑ CΕΒΑCΤΗ. Buste de Julia Domna, à dr. ℞. ΕΠΙ. CΤΡΑ. Μ. ΑΥΡ. ΕΥΤΥΧΟΥ. ΦΩΚΑΕ. Même type.   Æ⁸   10 fr.

5294. Α. Κ. ΜΑΞΙΜΕΙΝΟC. Κ. ΜΑΞΙΜΟC. ΚΑΙ. Têtes affrontées de Maximin et de Maxime. ℞. ΦΩΚΑΙΕΩΝ. CΜΑΡΛ. Fleuve couché, à g.   Æ⁵   12 fr.

5295. Μ. Α. ΟΤΑΚ. CΕΥΕΡΑ. CΕ. Buste d'Otacilla, à dr. ℞. ΦΩΚΑΙΕΩΝ. Neptune nu debout, à g..   Æ⁶   8 fr.

PHYGELA.

5296. Tête de Diane-*Municha*, de face. ℞. ΦΙ. Taureau cornupète, à g.; devant, un palmier.   Æ²   20 fr.

CADME *quæ et* PRIENE (*Samsûn, Kalesi*).

PRIENE.

5297. Tête de Pallas, à dr. ℞. ΠΡΙΗ. ΔΙΟΝ, en 2 lignes au milieu d'un cercle tracé par le méandre. Æ² 2 fr.

5297 *bis*. La même, ΠΡΙΗ. ΑΠΟΛ. Æ² 1 et 2 fr.

5297 *ter*. Autre, ΠΡΙΗ. ΑΙΣΧΙΔ. Æ² 1 fr.

5297 *quater*. Autre, ΠΡΙΗ. ΔΙΟΝΥ. Æ² 1 et 2 fr.

5298. Autre, ΠΡΙΗ, ΧΑΡΗ. Æ² 2 et 3 fr.

5298 *bis*. Autre, ΠΡΙΗ. ΑΜΑΣ. Æ² 1 fr.

5298 *ter*. Autre, ΠΡΙΗ. ΜΕΝΤΩ. Æ² 2 fr.

5298 *quater*. Autre, ΠΡΙΗ. ΘΡΑΣΥ. Æ¹ 1 fr.

5299. Autre, ΠΡΙΗ. ΑΡΙΣΤΟ. Æ¹ F. 50 c.

5300. Tête de Pallas, de face. ℞. ΠΡΙΗ. ΑΠΟΛΛΟΔΟΤΟΥ, en trois lignes. Æ² 2 fr.

5301. La même, ΠΡΙΗ. ΙΥΡΡΟΥ. Æ² 1 fr.

5302. Autre, ΠΡΙΗ. ΘΡΑΣΥ. Æ³ 3 fr.

5303. Tête de Pallas, à dr. ℞. ΠΡΙΗ..... Chouette, à dr., sur un *Diota*. Æ³ F. 1 fr.

5304. Même tête. ℞. ΠΡΙΗΝΕΩΝ. Trépied. Æ³ 1 et 2 fr.

5305. Chouette, à dr. ℞. ΠΡΙΗ. Trident. Æ¹ 50 c.

5306. Chouette, à g. ℞. Même type. Æ¹ 1 fr.

SMYRNA (*Ismir, Smyrne*).

5307. Tête de Mercure, à dr. ℞. Léopard allant à dr., au milieu d'un carré indiqué par quatre lignes. EL⁴ B. 80 fr.

5308. Figure couchée sur une proue. ℞. Creux divisé en deux parties carrées. EL² F. 40 fr.

5308 *bis*. Tête tourelée de femme, à dr. ℞. ΣΜΥΡΝΑΙΩΝ en deux lignes dans une cour. de chêne. R⁹ TB. 550 fr.

5309. Tête d'Apollon laurée, à dr., au milieu d'une couronne. ℞. ΣΜΥΡΝΑΙΩΝ. Homère assis, à g., vêtu du *pallium*, portant la droite à son menton, tenant de la gauche un volume ; près de lui une haste transversale. Æ⁵ 50 c., 1 et 2 fr.

5310 Même tête, sans la couronne. ℞. ΣΜΥΡΝΑΙΩ. ΑΛΕΞΙΩΝ. Même type. ΑΝΙ en monogr. Æ⁵ B. 3 fr.

5311. La même, ΣΜΥΡΝΑΙΩΝ. ΑΝΤΙΚΡΑΤΗΣ. ΚΑΛΛΙΟΥ. Æ⁵ B. 3 fr.

5312. Autre, ΠΟΛΩΝΟ.. ΗΡΟΔΩΝ. Æ⁵ 2 fr.

5313. Autre, ΑΠΟΛΛΟΔΩΡΟΣ. Æ⁵ TB. 6 fr.
5314. Autre, ΑΘΗΝΑΓΟΡΑΣ. ΚΟΡΥΜ. Étoile. Æ⁶ 2 fr.
5315. Autre, ΑΘΗΝΑΙΟΣ. ΕΥΔΗΜΟΥ. Æ⁵ 2 fr.
5316. Autre, ΕΡΜΑΓΟΡΑΣ. Æ⁵ 2 fr.
5317. Autre, ΕΡΜΟΚΛΗΣ. ΠΥΘΕΟΥ. Æ⁵ B. 3 fr.
5318. Autre, ΕΥΚΛΗΣ. Æ⁵ 1 fr.
5319. Autre, ΗΡΩΔΗΣ. ΑΡΧΙΟΥ. Æ⁵ 2 fr.
5320. Autre, ΚΗΣΙΟΣ (?). Æ⁵ 1 fr.
5321. Autre, .. ΚΥΩΝ. Æ⁵ 1 fr.
5322. Autre, ΜΕΝΕΚΡΑΤΗΣ. ΓΡΙΟΣ. Æ⁵ 1 et 2 fr.
5323. Autre, .ΜΕΝΙΩΝ. Æ⁵ 1 fr.
5324. Autre, ΜΗΝΑΝΔΡΟΥ (?). Æ⁵ 1 fr.
5325. Autre, ΜΗΝΟΦΙΛΟΣ. ΠΑΡΑΜΟ. Æ⁵ 2 fr.
5326. Autre, ΜΟΣΧΟΣ. ΜΟΣΧΟΥ. Æ⁵ 2 fr.
5327. Autre, ΝΙΚΑΔΑΣ. ΜΗΤΡΟΔΟΡΟΣ. ΑΛΑΣ. Æ⁵ 1 fr.
5328. Autre, ΠΑΞΙΚΡΑΤΗΣ. ΑΛΛΙΟΥ. Æ⁵ 2 fr.
5329. Autre, ΠΟΛΛΟΦΑΝΗΣ. Æ⁵ 2 fr.
5330. Autre. ΤΕ..ΔΟΡΟΣ. ΜΑΘΑΣ. Æ⁵ 2 fr.
5330 bis. Autre, ΘΑΡΣΙΝΩΝ et ΚΥΜΕ en monogramme.
Æ⁵ TB. 10 fr.
5331. Autre, ΞΕΥΞΙC. Une étoile. Æ⁶ 1 et 2 fr.
5332. Autre, nom de magistrat illisible. Æ⁵ 50 c.
5333. Tête laurée d'Apollon, à dr. ℞. ΣΜΥΡ... Main armée de la ciste. Æ² 50 c.
5334. La même. ℞. ΣΜΥΡ. ΑΓΑΜΟ. Æ² 1 fr.
5335. Autre. ℞. ΣΜΥΡΝΑΙΩΝ. ΚΛΕΙΝΙΑΣ. Æ³ 1 fr.
5336. Autre, ΣΜΥΡΝΑ ΜΕΝΕΚΕ. Æ² B. 1 fr.
5337. Autre, ΣΜΥΡ. ΜΕΤΡΟΔΩΡΟΣ. Æ² 1 fr.
5338. Autre, ΣΜΥΡΝΑΙ. ΠΑΡΑΜΟΣ. Æ² 1 et 2 fr.
5339. Autre, ΣΜΥΡΝΑΙ. ΞΕΥΞΙΣ. Æ³ 1 fr.
5340. Tête jeune laurée, à droite. ℞. ΣΜΥΡΝ.. ΑΠΟΛ.
Æ¹ 1 et B. 2 fr.
5341. La même, ΚΙΣΤΗ.. Æ¹ 50 c. et 1 fr.
5342. Autre, ... ΜΕΤΡΟ. Æ¹ 1 fr.
5343. Autre, ... ΟΣΕΙΔΗ. Æ¹ 1 fr.
5344. Autre, ΣΑΡΑΠΙΩΝ. Æ¹ 2 fr.
5344 bis. Autre, ..ΥΡΡΥ. Æ¹ 2 fr.
5345. Même tête. ℞. ΣΜΥΡΝ... Palmier. Æ² 2 fr.
5346. Tête d'Apollon, à dr. ℞. ΣΜΥΡ. ΑΠΟΛ. Trépied.
Æ² 1 fr.

5347. La même, ΣΜΥΡΝΑΙ.. ΑΡΙΣΤΗ. Æ³ 1 fr.

5347 *bis*. Autre, ΣΜΥΡ. ΒΙΩΝ. ΠΟΣΕ. Trépied. Æ³ 2 fr.

5348. Autre, ΣΜΥΡΝΑΙ.. ΞΗΝΙΣ. Æ² 1 fr.

5349. Autre, ΣΜΥΡΝΑΙ.. ΠΑΡΑΜΟΣ. Æ² 2 fr.

5349 *bis*. Autre, ΣΜΥΡ. ΣΩΠΑ. ΠΑΡ. Æ² 2 fr.

5350. Tête tourelée de femme au milieu d'une couronne. ₿. ΣΜΥΡΝΑΙΩΝ. ΑΝΔΑΛΑΣ. ΦΑΝΗΣ. Femme debout, de face, le bras gauche appuyé sur une colonne et tenant la Victoire ; de la gauche la haste pure ; dans le champ, un oiseau. Æ⁴ 2 fr.

5351. La même, avec ΑΠΑΤΟΥΡΙΟΣ. Æ⁴ 2 fr.

5352. Autre, avec ΑΠΟΛΛΟΝΙΟΣ. Æ⁴ 1 fr.

5353. Autre, avec ΛΑΤΙΜΟΣ. ΙΕΡΟΝΟΣ. Æ³ 2 fr.

5354. Autre, avec ΚΛΕΙΝΙΑΣ. Æ⁴ 1 fr.

5355. Autre, avec ΠΡΟΤΟΓΕΝΗΣ. Æ⁴ 2 fr.

5356. Même tête, sans la couronne. ₿. ΣΜΥΡΝΑΙΩΝ. ΜΟΣΧΟΣ. Femme tourelée debout, à dr., tenant de la droite la Victoire ; devant elle, sous son bras, un autel. Æ⁴ 1 et 2 fr.

5357. La même, ΜΟΣΧΟΣ. ΜΟΣΧΟΥ. Æ⁴ B. 3 fr.

5358. Autre. ₿. ΛΑΤΙΜΟΣ. ΙΕΡΩΝΟΣ. Æ³ 1 fr.

5359. Autre, ΔΗΜΟΚΡΑ. Æ³ 1 fr.

5360. Autre, ΠΥΘΕΟΣ. Æ³ 1 fr.

5361. Autre, ΣΟΚΡΑΤΗΣ. Æ³ 2 fr.

5362. Autre, ΞΕΝΩΝΩΝ. Æ³ 1 fr.

5363. ΜΕΛΗC. Le *Mélès* couché, à g. ₿. CΜΥΡΝΑΙΩΝ. Victoire tenant palme et couronne, allant à dr. Æ³ 4 fr.

5364. ΣΜΥΡΝΑΙΩΝ. Buste tourelé de femme, à droite. ₿. ΕΠΙ. ΔΗΜΟCΤΡΑΤΟΥ. ΕΥΛΙΟC. Femme debout, à g., tenant une patère et une corne d'abondance. Æ⁴ 2 et 3 f.

5365. CΙΠΥΛΗΝΗ. Tête tourelée de femme, à droite. ₿. CΜΥΡΝΑΙΩΝ. Même type. Æ⁴ 2 fr.

5366. CΜΥΡΝΑ. Buste tourelé de femme, à droite. ₿. ₿. CΜΥΡΝΑΙΩΝ. Lion en arrêt, à dr. Æ⁴ 2 fr.

5367. CΜΥΡΝΑ. Buste tourelé de femme, à g. ; *bipenne* sur l'épaule. ₿. CΜΥΡΝΑΙΟΝ. Proue. Æ⁴ 1 et 2 fr.

5368. ΟΠΛΟΦΥΛΑΣ. Tête nue et barbue d'Hercule, à dr. CΜΥΡΝΑΙΩΝ. Carquois, arc et massue. Æ³ 2 fr.

5369. Mêmes lég. et tête. ₿. ΣΜΥΡΝΑΙΩΝ. Victoire debout, à gauche. Æ³ B. 3 fr.

5370. La même. ℞. CMYPNAIΩN. Le *Mélès* couché, à g.
Æ³ 1 fr.

5371. ΑΝΤΟ ΦΡΟΝΤΕΙΝΩ. Tête nue et barbue d'Hercule, ℞. ΕΠΙ. ΜΥΡΤΟΥ. ΡΗΓΕΙΝΟϹ. ZMYP. Le *Mélès* couché à gauche. Æ⁴ 3 et 5 fr.

5372. ΖΕΥϹ. ΑΓΓΑΙΟϹ. Tête nue de Jupiter-*Acraeus*, à droite. ℞. CMYP. ΠΑΝΙΩΝΙΟϹ. Figure debout, vêtue d'un habit court, tenant un rameau et un arc. Æ⁶ 4 fr.

5373. Même tête. ℞. ΣΜΥΡΝΑΙΩΝ. Pallas debout, à dr.
Æ⁵ F. 50 c.

5374. Même tête. ℞. ΣΜΥΡΝΑΙΩΝ. Pallas, à g. Æ⁵ 2 fr.

5375. Même tête. ℞. ΣΜΥΡΝΑΙΩΝ. Aigle éployé de face ; dans son bec, une couronne. Æ⁴ 1 fr.

5376. Même tête. ℞. CMYPNAIΩN. Lion, à dr. Æ⁵ 1 et 2 f.

5377. Même tête. ℞. CMYPNAIΩN. Lion, à dr., la patte sur un globe. Æ⁵ 1 fr.

5378. Même tête. ℞. CMYPNAIΩN. Proue de navire.
Æ⁵ 1 et 2 fr.

5379. ΙΕΡΑ. CYNKΛHTOϹ. Buste du Sénat, à droite. ℞. CMYPNAIΩN. ΕΠΙ. ΚΛΗΤΟΥ. Isis et Némésis debout.
Æ⁶ 3 fr.

5380. Même type. ℞. ΕΠ. ΠΟΛΛΙΑΝΟΥ. CMYP. Γ. ΝΕ. Même type. Æ⁷ 3 fr.

5381. Même buste. ℞. ΕΠΙ. C. ΤΕΤΟΥ. CMYPNAIΩN. Γ. ΝΕ. La Fortune debout, à g. Æ⁶ 2 et 3 fr.

5382. Le même. ΕΠ. C. ΦΙΛΗΤΟΥ. CMYPNAIΩN. Γ. ΝΕ. Même type. Æ⁶ 2 fr.

5383. Autre, ΕΠ. ΤΕΡΤΙΟΥ. ΑϹΙ. CMYP. Γ. ΝΕ. Même type. Æ⁷ 3 fr.

5384. Même buste. ℞. Nom de magistrat effacé, figure debout, à g., tenant un globe et un trident. Æ⁶ F. 1 fr.

5385. Même buste. ℞. ΣΜΥΡΝΑΙΩΝ. Γ. ΝΕΩΚΟΡΩΝ. La Fortune debout, à gauche, dans un temple tétrastyle.
Æ⁷ 1 et 2 fr.

5386. Même buste. ℞. CMYP. Γ. ΝΕ. ΕΠ. ΜΕΝΕΚΛΕΟΥΣ. Même type. Æ⁷ 4 fr.

5387. Même buste. ℞. ΕΠ. ΤΕΡΤΙΟΥ. ΑϹΙ. CMYP. Même type. Æ⁷ 2 fr.

5388. ΘΕΩΝ. CYNKΛHTON. ZMYP. Tête jeune nue, à dr.,

vêtue du pallium. ℞. ΕΠΙ. ΤΙ. ΙΕΡΟΝΥΜΟC. CΩCAN-
ΔΡΟC. Temple hexastyle, de face.   Æ⁵ 1 et 2 fr.

5389. ΙΕΡΑ. CΥΝΚΛΗΤΟC. Buste du Sénat, à droite. ℞.
CΜΥΡ. Γ. ΝΕ. ΕΠΙ. C. ΦΙΛΗΤΟΥ. Femme tourelée debout, tenant haste et patère.   Æ⁶ 2 fr.

5390. Même buste. ℞. ΕΠΙ. ΠΟΛΛΙΑΝΟΥ. CΜΥΡΝΑΙΩΝ.
Pallas debout, à droite, tenant la haste et la Victoire.
                                         Æ⁸ 6 fr.

La belle fabrique de cette pièce semble être du temps de Marc-
Aurèle, césar, et la tête du Sénat lui ressemble complétement.

5390 *bis*. Alexandre le Grand. Type du nᵒ 2780. Devant le
Jupiter, ΙΜ. et lion la patte droite levée ; massue couchée
sous le Jupiter.   Rᵒ TB. 50 fr.

5391. Lysimaque, roi. Type du nᵒ 2397 ; dans le champ,
devant le Jupiter, partie antérieure de lion et de cheval
marin ailé.   R⁺ 8 fr.

5392. Mithridate VI Eupator, rex Ponti. Tête de Mithridate, ceinte d'un diadème, à droite. ℞. ΖΜΥΡΝΑΙΩΝ.
ΕΡΜΟΓΗΝΕΣ. ΦΡΙΞΟΣ. Victoire marchant à dr., tenant
palme et couronne. (Visconti, *Iconographie grecque*,
pl. 42.)   Æ⁶ B. 80 fr.

5393. ΣΕΒΑΣΤΟΣ. Tête nue d'Auguste, à dr. ℞. ΔΙΟΝΥ-
ΣΙΟΣ. ΚΟΛΛΙΒΑΣ. Victoire allant à g.   Æ³ F. 2 fr.

5394. Tête nue de Caïus, césar, à dr. ℞. ΕΠΙ. ΦΙΛΙΣΤΟΥ.
ΕΙΚΑΔΙΟΣ Victoire portant un trophée, allant à droite.
                                         Æ³ B. 15 fr.

5395. Légende à moitié effacée. Têtes affrontées du Sénat
et de Livie. ℞. ΤΙΒΕΡΙΟC. .... Tibère en toge,
dans un temple tétrastyle.   Æ⁵ 3 fr.

5395 *bis*. ΚΑΙΚΑΡΑ. CΕΒΑCΤΟΝ. ΤΙΒΕΡΙΟΝ. Têtes affrontées d'Auguste et de Tibère. ΣΜΥΡΝΑΙΩΝ. ΚΟΡΩΝΟC.
ΛΙΒΙΑΝ. Femme debout, de face, tenant la Victoire, le
coude appuyé sur une colonne.   Æ⁺ 4 fr.

5396. ΔΡΟΥΣΟΣ. ΚΑΙΣΑΡ. Tête nue de Drusus, à dr. ℞.
ΓΕΡΜΑΝΙΚΟC. ΚΑΙΣΑΡ. Tête nue de Germanicus, à dr.
                                         Æ⁴ 12 fr.

5397. ΓΑΙΟΝ. ΚΑΙCΑΡΑ. ΕΠΙ. ΛΟΥΟΛΛ. Tête laurée de
Caligula, à dr. ℞. ΣΜΥΡΝΑΙΩΝ. ΜΗΝΟΦΑΝΗΣ. Victoire
allant à dr., tenant palme et couronne.   Æ³ 4 fr.

5398. TI. ΚΛΑΥΔΙΟΝ. ΣΕΒΑCΤΟΝ. ΑΓΡΙΠΠΙΝΑΝ. ΣΕ-ΒΑΣΤΗΝ. Têtes affrontées d'Agrippine et de Claude. ℞. ΓΕΣΣΙΟΣ. ΦΙΛΟΠΑΤΡΙΣ. ΖΜΥ. Némésis debout, à dr., tenant un caducée. Æ⁵ 4, 8 et 15 fr.

5399. ΝΕΡΩΝ. CΕΒΑCΤΟΝ.......... Tête laurée de Néron et d'Agrippine. ℞. Λ. ΓΕΣΣΙΟΣ. ΦΙΛΟΠΑΤΡΙΣ. ΖΜΥΡ. Même type. Æ⁵ 8 fr.

5400. Légende effacée. Bustes affrontés de Néron et de Poppée. ℞. ΕΠΙ. ΕΡΜΟΓΕΝΟΥΣ.... ... ΣΜΥΡ. Homère assis, à g. Æ⁶ 20 fr.

5401. ....OVECΠΑCΙΑΝΟC CΕΒ. Tête laurée de Vespasien, à droite. ℞. ΕΠΙ. ΙΟΥΛΙΑC. CΤΡΑ. ΑΓΡΩΝ. ΕΥΕCΟΥC. ΣΜΥΡ. Cybèle assise, à g.; à ses pieds, un lion. Æ⁹ 10 fr.

5402. Légende effacée. Bustes affrontés de Titus et Domitien. ℞. CΤΡΑ. ΑΓΡΩΝΟC. ΕΠΙ. ΙΤΑΛΙΚΟΥ. ΖΜΥΡ-ΝΑΙΩΝ. Fleuve imberbe couché, à g. Æ⁶ 4 fr.

5403. La même, avec ΕΡΜΟC. ΕΠΙ ΒΟΛΛΝΟΥ. Æ⁶ 3 fr.

5404. ΑΥΤΟΚ. ΚΑΙC. ΤΡΑΙ. ΑΔΡΙΑΝΟC. Tête laurée d'Hadrien, à dr. ℞. ΠΟΛΕ. . ... CΜΥΡ. Homère? assis, à dr. Æ¹⁰ 12 fr.

5405. CΑΒΕΙΝΑ CΕΒΑCΤΗ. Buste de Sabine, à droite. ℞. ΠΟΛΕΜΩΝ. .... Proue. Æ⁵ 2 fr.

5406. ΑΥ. Κ. Μ. ΑΥ. ΑΝΤΩΝΙΝΟC. Buste lauré de Marc-Aurèle, à dr. ℞. ΑΤΤΑΛΟC. CΟΦΙCΤΗC. ΤΑΙ. ΠΑΤΡΙCΙ. CΜΥΡ. ΛΛΟ. Jupiter-*Smyrnaeus*, debout, portant son aigle, en face de Jupiter-*Laodicaeus* assis, portant la Victoire, la g. sur la haste pure. Æ¹⁰ B. 60 fr.

5407. ΦΑΥCΤΕΙΝΑ. CΕΒΑCΤΗ. Buste de Faustine jeune, à dr. ℞. CΤΡ. ΚΛ. ΠΡΟΚΛΟΥ. CΟΦΙCΤΟΥ. CΜΥΡ. La Fortune debout, à g. Æ⁷ 8 fr.

5408. ΑΥ. Κ. Λ. CΕ. CΕΟΥΗΡΟC. ΑΥ. Κ. Μ. Α. ΑΝΤΩΝΙΝ. Α. CΕ. ΓΕΤΑC. Sévère, Caracalla et Géta, vêtus de la toge, assis à g. ℞. ΠΡΩΤΑ. ΚΟΙΝΑ. ΑCΙΑC. CΜΥΡ-ΝΑΙΩΝ en cinq lignes dans une couronne de chêne ; autour, ΕΠΙ. CΤΡΑ. ΚΛ. ΡΟΥΦΙΝΟΥ. CΟΦΙ. Æ¹⁰ 20 f.

5409. ΙΟΥΛΙΑ CΕΒΑCΤΗ. Buste de Julia Domna, à dr. ℞. ΕΠΙ. CΤ. ΡΟΥΦΙΝΟΥ. CΜΥΡΝΑΙΩΝ. Hercule-*Bibax* debout, à g. Æ⁶ 2 fr.

5410. A. CEII. ΓETAC. KAICAP. **Buste drapé de Géta, césar, à dr.** ℞. Même légende ; deux Némésis debout. Æ⁷ TB. 15 fr.

5411. A. KA. M. ANT. ΓOPΔIANOC. Buste lauré et drapé de Gordien III, à dr. ℞. CMYPNAIΩN. Γ. NEΩKOPΩN. La Fortune dans un temple tétrastyle. Æ⁶ B. 3 fr.

5412. Même buste. ℞. Même légende. Hercule-*Bibax*, à gauche. Æ⁶ 1 fr. 50.

5413. ΦOYP. TPANKYΛΛEINA. C. Buste de Tranquilline, à dr. ℞. Même type. Æ⁶ 4, 10 et B. 20 fr.

5414. Même buste. ℞. CTP. POYΦINOY. COΦI. CMYPNAIΩN. Γ. NEΩKOPΩN. Amazone debout, à dr., tenant un temple sur la dr.; de la g. la *bipenne*. Æ⁸ F. 12 fr.

5415. AYT. K. ΠO. ΛIK. ΓΑΛΛIHNOC. Buste lauré et drapé de Gallien, à dr. ℞. EΠI. M. AYP. CEΞCTOY. CMYPNAIΩN. Γ. NEΩKOPΩN. Rome assise, à g., tenant de la dr. un petit temple. Æ⁶ B. 6 fr.

5416. Même buste. ℞. EΠ. CEΞCTOY. CMYPNAIΩN. Γ. NEΩ. Deux Némésis debout. Æ⁸ TB. 8 fr.

5417. Même buste. ℞. EΠI. C. M. AYP. CEΞCTOY. CMYP. Γ. NEΩKO. Type du nᵒ 5414. Æ⁶ B. 4 fr.

5418. Même buste. ℞. Même lég. Galère à la voile, allant à g. Æ⁸ B. 12 fr.

CONCORDIA, SMYRNA *cum* ATHENA.

5419. AY. KAI. M. AYP. KOMMOΔOC. Buste lauré et drapé de Commode, à dr. ℞. CTPA. HPΑKΛHIΔOY. OMO. AΘHNAI. CMYPNAIΩN. Jupiter-*Nicéphore* assis à g.; devant lui, Pallas debout. Æ⁸ 10 fr.

CONCORDIA, SMYRNA *cum* LACAEDAEMON.

5420. IEPA. CYNKΛHTOC. Buste drapé du Sénat, à dr. ℞. CTP. HPΛKΛEI. OMO. ΛAKE. CMYPNAIΩN. Figure en habit court, à g., tenant la haste et un laurier ; elle retourne la tête devant Némésis ailée, également debout, à g. Æ⁷ TB. 30 fr.

CONCORDIA, SMYRNA *cum* NICOMEDIA.

5421. KPICΠINA CEBACTH. Buste de Crispine, à dr. ℞. CTP. M. CEΛΛIOY. OMO. CMYP. NIKO. Femme de-

bout, tenant des épis de la dr. et une longue torche dans
la g.   Æ⁷   6 fr.
5422. Autre, CTP. M. CEΛΛΙΟΥ. CMYP. NIKO OMO. Hygiée debout, à dr.   Æ⁷   4 et 8 fr.

TEOS (Sigagik).

5423. Diota d'où pendent des feuilles de lierre. R'. Creux
divisé en 4 parties.   Æ¹ F.   6 fr.
5424. Griffon accroupi, à dr., la patte levée. R'. ΤΗΙΩΝ en
deux lignes dans une couronne de lierre.   Æ⁴ 2 et 4 fr.
5424 bis. Griffon courant à dr. R'. ΤΗΙΩΝ. ΠΟΛΥΘΡΟΥΣ.
Lyre.   Æ⁴   6 fr.
5424 ter La même, ΤΗΙΩΝ. ΜΗΤΡΟΔΟΡΟΣ. Même type.
                                             Æ⁴   6 fr.
5425. Même type. R'. Légende effacée. Homère assis, à dr.
                                             Æ⁴ F.   1 fr.
5426. ΤΗΙΩΝ. Buste de Sérapis, à dr. R'. CT. ΑΡΤΕΜΥ-
ΔΟΡΟΥ. Esculape allant à dr.   Æ¹   6 fr.
5427. ΤΕΩC. Buste tourelé de femme, à dr. R'. ΤΗΙΩΝ.
Griffon, à dr., la patte gauche sur un Diota. Æ⁴ B. 6 fr.
5428. ΠΟ. ΛΙΚ. ΟΥΑΛΕΡΙΑΝΟC. Buste lauré et drapé de
Valérien jeune, césar, à dr. R'. ΤΗΙΩΝ. ΕΙΩΝΩΝ. Anacréon assis, à dr., jouant de la lyre.   Æ⁵   8 fr.

INSULAE AD IONIAM ADJACENTES.

CHIOS (Sakiis-Adassi, Chio, Scio).

5429. Sphinx ailé, à g.; devant lui, un Diota. R'. Aire en
creux en 4 parties.   (2 drachmes.)   Æ⁴ 15 et 20 fr.
5430. Le même, le Diota plus long ; au-dessus, grappe de
raisin.   Æ⁴   20 fr.
5431. Le même.   (drachme, 3 gr. 5 cent.) Æ² ½ B. 25 fr.
5432. Le même.   (2 gr. 5 cent.) Æ¹ ½ S et 12 fr.
5433. Sphinx accroupi, à g., un thyrse sur l'épaule. R'.
ΛΕΩΝΙΔΗΣ. ΧΙΟΣ. Diota, thyrse et lyre ; le tout dans
une couronne de vigne.   Æ⁴   12 fr.
5434. Sphinx. à g. ; devant, grappe de raisin. R'. ΡΑΒΙ-
ΡΙΟΣ. ΧΙΟΣ. Diota et croissant.   Æ⁴ F.   6 fr.
5435. Sphinx, à g.; devant, Diota. R'. Carré creux en quatre parties.   Æ²   4 fr.

5436. Figure nue sur un cheval courant à g. ₿. ΧΙΟΣ. Thyrse dans une couronne de vigne. Æ⁵ B. 6 fr.

5437. Sphinx accroupi, à g. ₿. ΑΡΓΕΙΟΣ. ΧΙΟΣ. *Diota.* Æ² 50 c. et 1 fr.

5438. La même, ΑΘΗΝΑΣ. ΧΙΟΣ. Æ² B. 2 fr.

5438 *bis.* Autre, ΜΕΝΩ.. ΗΟΣ. ΧΙΟΣ. Æ² 1 fr.

5439. Autre, ICMΕΝΟϹ. ΧΙΟΣ. Æ³ 2 et 3 fr.

5439 *bis.* Autre, ΠΟΛΕΜΟΝΟΣ. ΧΙΟΣ. Æ² 2 fr.

5439 *ter.* Autre, ΦΙΑΤΗΣ. ΧΙΟΣ. Æ⁴ 6 fr.

5440. Sphinx, à g. ; devant, grappe de raisin. ₿. ΜΗΝΟΔ... ΧΙΟΣ. *Diota* et bonnets des Dioscures. Æ³ 3 fr.

5440 *bis.* Autre, ΗΡΗΘ.. ΧΙΟΣ. *Diota* et colombe. Æ² 1 f.

5441. Sphinx, à dr. ₿. ΑΣΗΑΣ. ΧΙΟΣ. *Diota.* Æ² 1 fr.

5442. Autre, ΑΡΤΕΜΙΔ. ΧΙΟΣ. *Diota* dans une couronne. Æ³ 2 fr.

5443. Autre, ΔΗΜΟΚΡΑ. ΧΙΟΣ. Même type. Æ² 1 fr.

5444. Autre, ΔΗΜΗΤΡΙΟΣ ΧΙΟΣ. *Diota.* Æ⁴ 1 fr.

5445. Autre, ΗΡΟΚΡΑ... Æ¹ 1 fr.

5446. Sphinx, à dr.; devant, étoile. ₿. ΓΗΛΕΜΑΧ. ΧΙΟΣ. *Diota* et caducée. Æ⁴ B. 4 fr.

5447. Sphinx, à dr.; devant, épi. ₿. ΙΚΕΣΙΟΣ. ΧΙΟΣ. *Diota* et grappe de raisin. Æ⁴ B. 4 fr.

5447 *bis.* La même, ΗΓΕΜΩ. ΧΙΟΣ. Æ⁴ 2 fr.

5448. Sphinx ; à droite, grappe de raisin. ₿. ΛΑΜΗΡΟΣ. ΧΙΟΣ. *Diota* et torche allumée. Æ⁴ 2 fr.

5449. Le même. ₿. ΛΕΩΜΕΔ. ΧΙΟΣ *Diota* et épi. Æ⁴ TB. 6 fr.

5450. Autre, à dr. ; devant, massue. ₿. ΜΕΝΕΣΟΣ. ΧΙΟΣ. *Diota* et gouvernail. Æ⁴ 2 et B. 4 fr.

5451. Autre, ΣΩΣΤΡΑ. ΧΙΟΣ. *Diota* et gouvernail. Æ⁴ 3 f.

5452. Autre, ΣΤΑΦ. ΧΙΟΣ. *Diota* et gouvernail. Æ⁴ 3 f.

5453. Sphinx, à droite ; devant, épi. ₿. ΘΕΡΣΗΣ. ΧΙΟΣ. *Diota* et grappe de raisin. Æ⁴ B. 4 fr.

5453 *bis.* La même, ΦΟΙΝΙΞ. ΧΙΟΣ. Æ⁴ TB. 6 fr.

5454. Autre ; devant, étoile. ₿. ΤΙΜΟΚΛΗS. ΧΙΟΣ. *Diota.* Æ⁴ 2 fr. et B. 3 fr.

5455. Autre ; nom de magistrat illisible. Æ² 50 c.

5456. ΑΟΟΑΡΙΑ ΔΙΩ. Sphinx, à dr., le pied sur une proue. ₿. ΕΠ. ΑΡ. ΑΥ. ΧΡΥΟΟΓΟΝΟΥ ΧΙΩΝ. *Diota;* les anses formant des S. Æ⁵ 3 fr.

5457. XIΩN. Sphinx, à g. ℞. .... PION. Amphore ou *long Diota.* Æ⁵ 2 fr.

5458. ACCAΗΙΑ TPIA. Sphinx, à droite, le pied sur une proue. ℞. ΕΠ. ΑΡ. XPYCOΓONOY. TOY. ΕΠ. ΑΦΡΟ-ΔΕΙΤΟΎ. XIΩN. *Long Diota* entre deux épis. Æ⁶ B. 4 f.

5459. Alexandre le Grand. Type du n⁰ 2780. Devant le Jupiter, sphinx sur un *Diota* renversé; à l'exergue, ΕΥ-ΚΛΕΩΝ. ℞⁸ 20 fr.

OENE in ICARIA.

5460. Tête de Bacchus jeune, à dr. ℞. OINAIΩN. Grappe de raisin. Æ⁴ B. 40 fr. et TB. 60 fr.

SAMOS (Susam-Adassi, Samo).

5460 *bis*. Partie antérieure du lion, à dr. ℞. Carré divisé en deux parties égales. ℞⁵ B. 100 fr.

Cette pièce nous paraît plutôt appartenir à Cnide.

5461. Tête de lion de face. ℞. Tête de bœuf, à dr., avec le cou, dans un carré creux. ℞⁵ 40 fr.

5462. Même tête. ℞. ΣΑ. Η. Partie antérieure d'un bœuf couché, à dr.; derrière, une longue branche de laurier dans un carré creux. ℞⁶ 30 fr. et B. 100 fr.

5463. Même tête. ℞. ΣΑΜΙΩΝ. Même type. (1/2 des précédentes.) ℞⁵ F. 8 fr.

5464. Même tête. ℞. Même type. Dessous, *Diota ;* devant, épi. (Drachme.) ℞⁴ 8 fr. B. 15 fr. TB. 25 fr.

5464 *bis*. La même. *Diota,* épi et coq sous le bœuf. ℞⁴ B. 15 fr.

5465. La même ; dessous, autel (?) ; devant, épi. ℞⁴ B. 15 f.

5466. Même tête. ℞. Même type, sans symboles. ℞² F. 3 f.

5467. Même tête. ℞. Tête de bœuf, à g., dans un carré creux. ℞¹ 3 fr.

5468. Même tête. ℞. ΣΑ. Proue de navire. ℞¹ 4 et TB. 12 f.

5469. Partie antérieure d'un sanglier ailé, à droite. ℞. ΣΑ rétrogr. Tête de lion, à droite, dans un creux profond. ℞¹ 6 et 8 fr.

5470. La même, sans légende. ℞¹ 2 et 4 fr.

5470 *bis*. La même, la tête de lion de face. ℞² 20 fr.

La fabrique et le type de ces deux dernières pièces sont en tout point semblables à celles que nous avons décrites à Clazomène, et il nous semble que toutes les monnaies d'argent d'ancienne fabrique

20

sans légende, avec le sanglier ailé et la tête de lion, doivent être restituées à Samos. On pourrait aussi admettre que ces deux monnaies ont été frappées en signe d'alliance entre les deux villes.

5471. Tête de Junon, à g. ℞. ΣΑ. Tête de lion dans un cercle creux. Æ² B. 2 fr.

5472. La même, sans le creux au ℞. Æ² 1 et B. 2 fr.

5473. ΣΑ. Même tête. ℞. ΑΡΙΣΤΟΜΑ. Tête de lion, de face. Æ² TB. 6 fr.

5474. Tête de Junon, à dr. ℞. ΣΑ. Tête de lion, de face. Æ³ 1 et 2 fr.

5475. La même. Æ² 50 c. et 1 fr.

5476. La même; avec ΣΑΜΙΩΝ. Æ³ B. 3 fr.

5477. Autre, avec ΑΡΤΕΜΩΝ. Æ² B. 3 fr.

5478. Autre, avec ΕΝΝΑΙΟΣ. Æ⁴ 1 et 4 fr.

5479. Tête de Junon, de face. ℞. ΣΙΜΟΝ. Même type. Æ¹ 1 et 2 fr.

5480. Tête de Junon, à dr. ℞. ΣΑΜΙΩΝ. Paon, un glaive sur l'épaule ; sous ses pieds, un caducée. Æ⁴ 1 et 2 fr.

5481. La même, les lettres ΑΗΡΟ en mon. Æ³ 1 et 3 fr.

5482. Autre, ΗΡΑΙΔ en monogr. Æ⁴ 2 fr.

5483. Tête de Junon, de face. ℞. ΣΑΜΙΩΝ. Proue de navire. Æ² 1 fr.

5484. Tête de Junon, à dr. ℞. ΣΑ. ΣΩΤΑΣ. Proue. Æ³ B. 3 fr.

5485. Tête de Jupiter, à dr. ℞. ΣΑ. Proue. Æ³ 1 et 2 fr.

5486. Moitié de taureau cornupète, à droite. ℞. ΣΑΜΙΩΝ. Proue de vaisseau. Æ³ 2 fr.

5487. Proue de navire d'une forme particulière. ℞. Même proue. Æ¹ 1 fr.

5487 bis. Même proue. ℞. ΣΑ. Vase de forme allongée dans une couronne. Æ¹ B. 3 fr.

5488. Tête d'Auguste, à dr. ℞. ΣΑΜΙΩΝ. Junon-*Pronuba*, debout, à dr. Æ⁴ 4 fr.

5488 bis. ...... ΑΝΘΟ. CEBAC. Tête laurée de Trajan, à dr. ℞. ΣΑΜΙΩΝ. Fleuve couché, à g. Æ⁵ 12 fr.

5489. ΠΛΩΤΕ... CΑΒΑCΤΗ. Buste de Plotine, à dr. ℞. CΑΜΙΩΝ. Bacchus debout, à g. Æ⁴ F. 8 fr.

5490. .... Tête laurée de Marc-Aurèle, à droite. ℞. CΑΜΙΩΝ. Junon-*Pronuba* debout, à dr. Æ⁴ 4 fr.

5491. ΦΑΥCΤΕΙΝΑ CEBACTH. Buste de Faustine jeune.

℟. CAMIΩN. Junon-*Pronuba* debout, de face. Æ⁴ B. 8 f.

5492. AY. K. Λ. CEOYHPOC. Buste lauré de Septime Sévère, à dr. ℟. CAMIΩN. Junon-*Pronuba* debout, de face.
Æ⁵ B. 6 fr.

5492 *bis*. M. AYP. KOM. ANTΩNEINOC. Buste lauré et drapé de Commode, à dr. ℟. CAMIΩN. Junon-*Pronuba* et Esculape, debout. Æ¹⁰ 20 fr.

5493. M. AY. KOMOΔOC. Tête laurée de Commode, à dr. ℟. CAMIΩN. Junon-*Pronuba* debout, à g. Æ⁴ 3 fr.

5494. M. AYP. ANTΩNEINOC ΠEIOC. Buste lauré et drapé de Caracalla, à dr. ℟. CAMIΩN. Junon-*Pronuba* debout, de face. Æ⁹ 5 fr.

5495. AYT. K. M. AYP. AΛEΞANΔPOC. Buste lauré et drapé de Sévère Alexandre, à dr. ℟. CAMIΩN. Hercule debout, à dr., se retournant à g. Æ¹⁰ 15 fr.

5496. Même buste, les épaules nues. ℟. CAMIΩN. Le fleuve *Parthenius*, couché à g. Æ⁵ 3 fr.

5497. Même buste drapé. ℟. CAMIΩN. Junon-*Pronuba* debout, de face. Æ⁸ B. 6 fr.

5498. AYT. K. M. AYP. CEYOH. AΛEZANΔPOC. Buste lauré et drapé de Sévère Alexandre, à dr. ℟. CAMIΩN. Junon-*Pronuba* debout, de face, dans un temple tétrastyle. Æ¹¹ B. 20 fr.

5499. IOYΛIA MAMEA CEB. Buste de Mamée, à droite. ℟. CAMIΩN. Figure virile vêtue d'un habit court, tenant un bouclier, courant à dr. et se retournant, le pied sur une proue. Æ⁹ 4 fr.

5500. AYT. K. M. ANT. ΓOPΔIANOC. Buste lauré et drapé de Gordien III, à dr. ℟. Même type. Æ⁸ 2 fr.

5501. Même buste. ℟. CAMIΩN. Méléagre combattant un sanglier, à dr. Æ⁸ 5 fr.

5502. Même buste. ℟. CAMIΩN. La Fortune debout, à g. Æ⁹ 2 et 3 fr.

5503. Même buste. ℟. CAMIΩN. Junon-*Pronuba* et Némésis debout. (Retouchée.) Æ¹⁰ B. 12 fr.

5504. AYT. K. M. IOY. ΦIΛIΠΠOC. Buste lauré et drapé de Philippe père, à dr. ℟. CAMIΩN. Philippe fils (?) debout près d'une proue. Æ¹⁰ B. 10 fr.

5505. AYT. K. MA. I. ΦIΛIΠΠOC. Même buste. ℟. CAMIΩN. Junon-*Pronuba* debout, de face. Æ⁴ 2 fr.

5506. M. OTAKIΛΛΑ. CEOYHPA. CEB. Buste d'Otacille,
à dr. R'. CAMIΩN. Type du nᵒ 5499.   ÆS B.   8 fr.
5507. M. IOY. ΦIΛIΠΠOC. KAICAP. Buste drapé de Philippe II, césar, à dr. R'. CAMIΩN. La Fortune debout, à
gauche.   ÆS B.   8 fr.
5508. Même pièce.   Æ⁵ B.   5 fr.
5509. ΦIΛIΠΠOC. KAICAP. Même buste. R'. CAMIΩN.
Junon-*Pronuba* debout, de face.   Æ³   2 fr.
5510. AYT. K. TPAIANOC. ΔEKIOC. Buste lauré et drapé
de Trajan Dèce, à droite. R'. CAMIΩN. Type du nᵒ 5499.
                                         Æ⁸   3 fr.
5511. Même buste. R'. CAMIΩN. Le fleuve *Parthenius*
couché, à g.   Æ⁵   2 fr.
5512. Même buste. R'. CAMIΩN. La Fortune debout, à g.
                                         Æ⁵   2 fr.
5513. AYT. K. Γ. ME. KY. TPAIANOC ΔEKIOC. Même
buste. R'. CAMIΩN. Deux femmes debout se donnant la
main, l'une la droite tendue, l'autre tenant une petite
figure (?).   Æ¹¹   6 fr.
5514. EPEN. ETPOYKIΛΛΑ CEB. Buste d'Etruscille, à dr.,
R'. CAMIΩN. Type du nᵒ 5499.   ÆS B.   8 fr.
5515. Même buste. R'. CAMIΩN. Némésis voilée debout, de
face.   Æ⁸ B.   5 fr.
5516. Même buste. R'. ΠYΘΑΓOPHC. CAMIΩN. Pytha-
gore assis, à g., touchant de la droite un globe posé sur
une colonne.   Æ⁸   10 fr.
5517. AYT. ΠO. ΛI. OYAΛEPIANOC. Buste lauré et drapé
de Valérien père, à dr. R'. CAMIΩN. Type du nᵒ 5498.
                                         Æ⁸   4 fr. TB. 10 fr.
5518. Même buste. R'. CAMIΩN. Type du nᵒ 5499. Æ⁸ 2 f.
5519. Même buste. R'. CAMIΩN. La Fort. deb., à g. Æ⁷ 2 fr.
5520. AYT. K. ΠO. ΛIKI. ΓΑΛΛIHNOC. Buste lauré de
Gallien, à dr. R'. CAMIΩN. Junon-*Pronuba* debout, de
face.   Æ⁷   2 fr.
5521. CAΛΩN. XPYCOΓONH. Buste de Salonine, à dr.
R'. CAMIΩN. La Fortune debout, à g.   Æ⁸   4 fr.

CARIA.

ABA.

5522. Tête laurée de Jupiter, à dr. ℞. MYΣΩN. ABBAITΩN. Foudre dans une couronne de chêne. Æ⁵ F. 6 fr.

ALABANDA.

5523. Alexandre le Grand. Type du n° 2780 ; devant le Jupiter, Pégase courant ; sous le siége, E. R⁸ 20 fr.

5523 _bis._ ... CEOYH... Buste lauré de Septime Sévère, à dr. ℞. AΛABANΔEΩN. Jupiter debout, à g., tenant aigle et haste. Æ⁷ F. 3 fr.

5524. AY. K. M. AYP. ANTΩNEINOC. Buste lauré et cuirassé de Caracalla, tenant un bouclier, à droite. ℞. AΛABANΔEΩN. Lyre. Æ⁷ 5 fr.

5525. Même buste drapé, à dr. ℞. AΛABANΔEΩN. Branche de laurier. Æ⁷ 3 et 6 fr.

ALINDA (_Mugla_).

5526. Tête d'Hercule jeune, à dr. ℞. AΛI. Arc, carquois et massue. Æ¹ 6 fr.

ANTIOCHIA.

5526 _bis._ IEPA. CYNKΛHTOC. Buste du Sénat, à dr. ℞. ANTIOXEΩN. Pallas debout, à g., tenant de la droite une patère, de la gauche haste et bouclier. Æ⁶ 8 fr.

APHRODISIAS.

5527. Tête de bacchante, à gauche ; devant, un thyrse. ℞. AΦPOΔICIEΩN. Panthère, à dr. Æ⁴ B. 6 fr.

5528. IEPA. CYNKΛHTOC. Buste du Sénat, à droite. ℞. AΦPOΔEICIEΩN. Trois branches de corail dans une corbeille carrée. Æ⁶ 2 et 4 fr.

5529. Même buste. ℞. Même lég. Vénus debout, à g., tenant la pomme et la haste. Æ⁷ 2 fr.

5530. Même buste. ℞. Même lég. Urne des jeux sur une table. Æ⁶ F. 1 fr.

5531. ΔHMOC. Buste lauré et drapé du Peuple, à dr. ℞. AΦPOΔEICIEΩN. ZHΛΩN TIMEAHC. Fleuve couché, à g., tenant un roseau. Æ⁶ TB. 15 fr.

5532. IEPA. BOYΛH. Buste voilé de femme, à droite. ℞.

ΑΦΡΟΔΙCΙΕΩΝ. Cupidon debout, à dr., tenant un flambeau renversé. Æ⁴ 2 et 4 fr.

5532 *bis*. Même buste. R'. ΑΦΡΟΔΙCΙΕΩΝ. Génie les ailes éployées, à dr., tenant une longue torche. Æ⁴ 2 fr.

5533. Même buste. R'. Celui du n° 5528. Æ⁴ 3 fr.

5533 *bis*. CΕΒΑCΤΟC. Tête laurée d'Auguste, à dr. ℞. ΑΦΡΟΔΕΙCΙΕΩΝ. Bipenne. Æ³ B. 10 fr.

5534. .... Tête d'Auguste, à dr. R'. ΑΦΡΟΔΙCΙΕΩΝ. Tête de Livie, à dr. Æ³ 4 fr.

5535. ΑΥ. Κ. ΜΑΡ. ΑΝ. ΓΟΡΔΙΑΝΟC. CΕ. Buste radié et drapé de Gordien III, à dr. R'. ΑΦΡΟΔΕΙCΙΕΩΝ. Centaure allant à dr. Æ¹⁰ B. 30 fr.

5536. ΑΥ. Κ. Μ. ΑΝ. ΓΟΡΔΙΑΝΟC. CΕ. Même buste. ℞. ΔΗΜΟC. ΕΛΕΥ.. ΡΙΑ. ΑΦΡΟΔΙCΙΕΟΝ. Génie nu, debout, sacrifiant à gauche, couronné par une femme debout, portant une statuette (?). Æ¹¹ B. 60 fr.

5537. Buste radié, armé et casqué de Gallien, à gauche. ℞. ΑΦΡΟΔΕΙCΙΕΩΝ. Deux urnes sur une table carrée. Æ⁸ F. 4 fr.

5537 *bis*. ΚΟΡ. CΑΛΩΝΙΝΑ. Buste de Salonine, à dr. ℞. ΑΦΡΟΔΙCΙΕΩΝ. La Fortune debout, à g. Æ⁵ F. 2 et 4 f.

APOLLONIA.

5538. CΑΔΙΑΚΟC. Buste de Sérapis, à dr. ℞. ΑΠΟΛΛΟΝΙΑΤΩΝ. Isis debout, à g., tenant de la dr. un cistre, de la g. un sceau. Æ⁴ 30 fr.

5538 *bis*. ΔΗΜΟC. Tête du Peuple, à dr. ℞. ΑΠΟΛΛΟΝΙΑΤΩΝ. Bacchus debout, à g. Æ⁵ 12 fr.

5538 *ter*. ΙΟΥ. ΚΟΡ. CΑΛΩΝΙΝΑ. C. Même buste. ℞. Le même. Æ⁶ 4 fr.

5539. ΣΕΒΑΣΤΟΣ. Tête d'Auguste, à dr. ℞. ΚΑΛΔΙΠΠΟΣ. ΑΡΤΕΜΙΔΟΡΟΥ. ΑΠΟΛΛΟΝΙΑΤΩΝ. Jupiter debout, à g., tenant de la dr. son aigle, de la gauche une branche de laurier. Æ⁴ TB. 40 fr.

CAUNUS.

5540. ΚΑ. Sphinx accroupi, à dr. ℞. Taureau cornupète, à g. (Waddington, pl. 2, n° 1.) Æ² 20 fr.

CNIDUS (*Porto-Crio*).

5541. Tête de lion, la gueule ouverte, à dr. ℞. ΚΝΙ. Tête

de Vénus, à dr., dans un carré creux. Æ⁴ B. 10 f. TB. 20 f.

5542. La même, sans légende. Æ⁴ 4 f. B. 6 f. et TB. 12 f.

5542 bis. La même. Æ² TB. 30 fr.

5543. Tête de Vénus, à dr. R'. KNI. AYTOKPATHΣ. Partie antérieure de lion, à dr. Æ³ B. 15 fr.

5544. Autre, KNI. ΕΛΕΣΙΦΡΩΝ. Æ³ 5 et B. 15 fr.

5545. La même, nom de magistrat effacé. Æ³ F. 4 fr.

5546. La même, la tête de Vénus, à g. Æ³ F. 6 fr.

5547. Tête de Bacchus, à dr. R'. Lég. effacée ; deux grappes de raisin. Æ³ 2 fr.

5548. Tête de Diane, à dr. R'. KNIΔIΩN. ΠANTA. Trépied. Æ⁶ 2 et 5 fr.

5549. Tête tourelée de femme, à dr. R'. KNIΔIΩN. Partie antérieure de lion, à g. Æ⁴ 2 et 4 fr.

5550. Buste d'Apollon, à dr. R'. KNIΔ. AΠOΛΛONI. Tête de bœuf avec le cou, à g. Æ³ 3 fr.

5551. Tête d'Apollon, à dr. R'. KNI. ΠTOΛ.... Prouc ; dessous, massue. Æ² 2 fr.

5552. Autre, KNI. ΓYΘΩN.. Même type. Æ² F. 1 fr.

5553. Autre, nom de magistrat illisible. Æ¹ 50 c. et 1 fr.

5554. Même tête, à g. R'. KNY...NOPΩNΔ.. Même type. Æ² 2 fr.

ERIZA.

5555. Bipenne. R'. ....EΩN. Trident. Æ¹ 6 fr.

EVIPPE.

5556. Buste de Diane, à dr. R'. EYIΠΠEΩN. Pégase, courant à dr. Æ³ 40 fr.

EUROMUS.

5557. Jupiter-*Labradaeus* debout, de face. R'. EYPΩ. Bipenne. Æ¹ 20 fr.

HALICARNASSUS (*Budrun, Budroni, San-Pedro*).

5558. Tête casquée de Pallas, à dr. R'. ΑΛΙΚΑΡ. Chouette, un trident sur l'aile g. Æ² 12 fr.

5558 bis. Tête de Méduse, de face. R'. ΑΛΙΚΑΡΝΑ. Tête casquée de Pallas, à dr. Æ⁶ 10 fr.

5558 ter. La même, avec ΑΛΙΚΑΡ. ΑΡΙΣΤ. Æ⁵ 6 fr.

5558 quater. Autre, ΑΛΥΚΑΡ. ΝΥΟΚΛΗ (?). Æ⁵ 6 fr.

5559. Tête de Neptune, à droite. ℞. ΑΛΙΚΑΡ. ΑΡΙϹΤΟ. Femme voilée, à gauche, tenant une patère et un enfant.
Æ⁴ 2 et 4 fr.

5560. Même tête. ℞. ΑΛΙΚΑ. ΔΙΟΜ. Trident. Æ⁴ 3 fr.
5560 *bis*. Autre, ΑΛΙΚΑΡ. ΔΙΟΓΥ. Æ⁴ 4 fr.
5561. Autre, ΑΛΙΚ. ..ΜΩΝ. Æ⁴ B. 4 fr.
5562. Autre, ΑΛΙΚΑΡ. ΓΑΛΗ. Æ⁴ 2 fr.
5563. Autre, ΑΛΙΚΑ. ΜΕΛΑ.. Æ⁴ 1, 3 et B. 5 fr.
5564. Autre, ΝΙΚΑ. Æ⁴ 2 fr.
5565. Autre, ΑΛΙΚΑ. ΜΟΛΟ. Æ⁴ 2 fr.
5566. Autre, nom de magistrat illisible. Æ⁴ 1 et 2 fr.
5567. Même tête. ℞. ΑΛΙΚΑ. ΑΠΟΛΛΩ. Æ⁴ 4 fr.
5568. La même, ΑΛΙΚΑ. Nom de magistrat effacé. Æ⁴ 1 fr.
5569. Tête d'Apollon, à dr. ℞. ΑΛΙΚΑΡΝΑϹϹΕΩΝ. Lyre.
Æ² 3 fr.
5569 *bis*. La même, ΑΛΙΚΑΡ. ΑΛΗΙΤΕ (?). Æ⁵ 4 fr.
5569 *ter*. Autre, ΑΛΙϹΑΡ. ΑΠΟΛ. Æ³ B. 4 fr.

IASUS (*Ashein-Kalessi*).

5570. Tête d'Isis, à dr. ℞. ΙΑϹΕΩΝ. Lotus. Æ⁴ 4 et 10 fr.

MYLASA (*Meless, Mylaso, Marmora*).

5571. ...... ΟΥΗΡΟϹ. Buste de Vérus, à dr. ℞. ΜΥΛΑϹ-ϹΕΩΝ. Neptune radié debout, de face ; dans la droite un trident posé sur un crabe ; dans la gauche un autre crabe. Æ⁸ B. 15 fr.
5571 *bis*. ......ΙΜΟϹ. ΓΕΤΑϹ. Buste de Géta, césar, à dr. ℞. ΜΥΛΑϹϹΕΩΝ. Jupiter-*Labrandensis* debout, à g., tenant haste et bipenne. Æ⁶ 10 fr.

MYNDUS (*Menteche, Mendes*).

5572. Tête d'Apollon, à dr. ℞. ΜΙΝΔ....... Chouette sur une branche de laurier. Æ⁴ 3 fr.
5573. Tête laurée et barbue, à dr. ℞. ΜΥΝΔΙΩΝ. ΜΗΝΟ-ΔΟΤΟϹ. Foudre. Æ⁴ 8 fr.

NYSA (*Nazely, Nozly*).

5574. ΑΥΤΟ. ΚΑΙϹΑΡ. ΑΔΡΙΛ. ΑΝΤΩΝΕΙΝΟϹ. Tête laurée d'Antonin, à dr. ℞. ΚΟΡΗ. ΝΥϹΑΕΩΝ. Femme debout, à g., tenant de la dr. une fleur. Æ⁶ 8 fr.
5575. Α. ΑΥΡ. ΚΑΙϹΑΡ. ΟΥΗΡΟϹ. Buste drapé de Vérus,

à dr. ℞. NYCAEΩN. Junon voilée debout, à g., tenant un sceptre. Æ⁶ B. 10 fr.

5576. ΦAYCTEINA CEBACTH. Buste de Faustine jeune, à dr. ℞. NYCAEΩN. Petite figure nue assise sur une corne d'abondance. Æ⁵ B. 12 fr.

5577. .... Buste drapé et lauré de Septime Sévère, à dr. ℞. NYCAEΩN. La Fortune debout, à g. Æ⁴ F. 3 fr.

5578. AYT. K. Γ. I. OYH. MAΞIMEINOC. Buste lauré et cuirassé de Maximin Ier, à dr. ℞. EΠ. Γ. EYTYXOY. B. NYCAEΩN. Diane chasseresse, courant à dr. Æ⁸ 10 fr.

5579. AYT. K. ΠO. ΛIKIN. OYAΛEPIANOC. Buste lauré et drapé de Valérien père, à dr. ℞. EΠI. ΓP. ZΩTIKOY. ΦIΛIAPΓ. NYCAEΩN. Le dieu Lunus tenant la haste, à gauche. Æ⁹ B. 18 fr.

PRENASSUS.

5580. Sphinx, le *modius* en tête, assis à dr. ℞. MANAΨA. ΠPENA. Diane Succincte, debout, à g., tenant de la dr. une couronne, de la g. la haste. Æ³ 4 fr. TB. 20 fr.

5581. La même. Æ⁴ 20 fr.

PYRNUS.

5582. Tête d'Apollon, de face. ℞. ΠYPNH. Conque marine univalve. Æ² B. 40 fr.

5583. Même tête. ℞. ΠYPNHΩN. Même type. Æ⁴ 30 fr.

STRATONICEA (*Eski-Chichere*).

5583 bis. Tête de Jupiter, à droite. ℞. CTPA. MINEAΓ (?). Aigle éployé, à dr., dans un carré creux. R² B. 45 fr.

5584. Tête laurée de femme, à dr. ℞. CTPATONEIKEΩN. Pégase courant, à g. ; dans le champ, B. Æ³ B. 5 fr.

5585. Tête de Jupiter, à dr. ℞. Même lég. Diane, à dr., terrassant un cerf. Æ³ 2 fr.

5586. CTPATONEIKEΩN. Autel entre deux torches ardentes. ℞. EΠI. C. AIΛ. ΘEOΔENOY. Bellérophon debout, à g., tenant Pégase par le frein. Æ⁵ 6 fr.

5587. Longue torche allumée. ℞. CTPATONIKEΩN. Même torche. Æ¹ 1 et 2 fr.

5588. Tête laurée de Jupiter, à dr. ℞. ΣTPA. Aigle éployé, à dr., dans un carré creux. Æ² 1 et 3 fr.

5589. IEPA. CYNKAHTOC. Buste du Sénat, à droite. ℞.

INΔEI........ PΩMH. Buste tourelé de femme, à droite.
Æ³ B.   6 fr.

5589 *bis*. Cybèle sur un lion allant à g. ℟. CTPA.... Cavalier allant au pas, à dr.   Æ⁵ B.   3 fr.

5590. TPAIANOC. AΔP.... Buste lauré d'Hadrien, à dr. ℟. CYNKAHTOC. INΔI. CTP. Buste du Sénat, à droite.
Æ³   6 fr.

TABA (*Dara-Su*, *Tabas*).

5591. Tête de Jupiter, à dr. ℟. TABHNΩN. Bonnets des Dioscures surmontés d'étoiles.   Æ⁴   2 fr.

5592. ΔHM....... Tête jeune laurée, à dr. ℟. ΔIA. OP. IE. (An xvi.) Capricorne, à dr.   Æ⁴   3 fr.

5593. Tête nue et barbue d'Hercule, à dr. ℟. TABHNΩN. Tigre, à g., se retournant.   Æ⁴ B.   10 fr.

5594. Tête de Bacchus, à droite ; devant, TABHNΩN. ℟. KAΛIKPATHΣ BPAXIΛIΔOY. Deux torches en sautoir.
Æ⁵ B.   10 fr.

5594 *bis*. IEPOC. ΔHMOC. Buste du Peuple, à droite. ℟. TABHNΩN. La Fortune debout, à g.   Æ⁶   2 fr.

5595. ΠΛΟΤΕΙΝΑ CEBACTH. Buste de Plotine, à dr. ℟. TABHNΩN. Cerf, à dr.   Æ⁵ B.   80 fr.

5596. AY. KAI. ΠΟ. ΛΙ. ΓΑΛΛIHNOC. Buste lauré et drapé de Gallien, à droite. ℟. EΠI. APX. CTA. IATOKΛEOYC. TABHNΩN. Bacchus debout, à g., tenant une grappe de raisin ; à ses pieds, la panthère ; dans le ch., CT.   Æ⁹   6 fr.

5597. Même buste. ℟. EΠI. APX. IACONOC. TABHNΩN. Même type. Bacchus tient le *cantharum*. Æ⁹ B.   10 fr.

5598. Même buste. ℟. EΠI. APX. ΔOMECTIKOY. TABHNΩN. Neptune, à g., le pied sur une proue.   Æ⁹   4 fr.

5599. Même buste. ℟. Légende du n° 5597. La Fortune debout, à g.   Æ⁹   6 fr.

5600. IOYΛ. KOPN. CAΛΩNINA. Buste de Salonine, à dr. ℟. TABHNΩN. La Fortune debout, à g.   Æ⁶   4 fr.

5600 *bis*. Autre, sans le mot KOPN.   Æ⁶   4 fr.

5601. EΠI. ΦAK. CAΛΩNINOC. Buste lauré et drapé de Salonin, empereur, à dr. ℟. TABHNΩN. Tigre, à g., se retournant à droite.   Æ⁴ TB.   40 fr.

TRAPEZOPOLIS (*Karagia-Su*).

5602. IOYΛIA ΔOMNA CEBACT. Buste de Julia Domna,
à dr. ℞. EΠI. APX. T. AΔPACTOY. KENOΔPOCIOY.
ΤΡΑΠΕΖΟΠΟΛΙΤΩΝ. Cérès voilée debout, à g. Æ⁷ 30 fr.

TRIPOLIS (*Tribut*).

5603. Buste de Pallas, à g. ℞. ΤΡΙΠΟΛΕΙΤΩΝ. Jupiter
debout, à g., tenant de la droite l'aigle; de la gauche
sa haste.   Æ⁵ 3 et 8 fr.

5604. ΤΡΙΠΟΛΕΙΤΩΝ. Buste jeune imberbe, à droite. ℞.
ΤΡΙΠΟΛΕΙΤΩΝ. Némésis, à g., debout.   Æ⁴ 3 fr.

5504 *bis*. AY. NEPBAC. TPAIANOC. Tête laurée de Nerva,
à dr. ℞. . . . . . AEITΩN. Tête de femme, à dr. Æ⁵ 15 fr.

5605. ΘEA PΩMH. Buste de femme, à dr. ℞. TΡΙΠΟΛΕΙ-
TΩN. Diane chasseresse, à dr.   Æ⁶ 5 fr.

5606. ΦAYCTEINA CEBACTH. Buste de Faustine jeune, à
dr. ℞. TΡΙΠΟΛΕΙΤΩΝ MAIANΔPOC. Fleuve couché, à
g., tenant de la dr. un roseau; de la g. corne d'aba -
dance.   Æ⁹ 40 fr.

:07. AY. K. ΠΟ. ΛIKIN. ΓAΛΛIHNOC. Buste lauré de
Gallien, à dr. ℞. TΡΙΠΟΛΕΙΤΩΝ. Couronne; au milieu
ΛΗΤΩΕΙΑ. ΠΥΘΙΑ en deux lignes.   Æ⁹ B. 35 fr.

REGES CARIAE.

HECATOMNUS (381 *à* 372 *av. J. C.*).

5608. HKA. Tête de lion, la gueule ouverte, à g.; dessous,
une patte. ℞. Astre à quatre rayons ou fleur épanouie,
dans un carré creux.   Æ⁴ F. 25 fr.

5609. La même; la légende rognée.   Æ⁴ TB. 40 fr.

5610. La même; sans légende.   Æ¹ 1 et 2 fr. et TB. 4 fr.

5611. La même; la tête de lion à dr.   Æ¹ 6 fr.

MAUSSOLUS (*de* 372 *à* 353 (?) *av. J. C.*).

5612. Tête laurée d'Apollon, vue de face. ℞. MAYΣΣΩΛΟ.
Jupiter-*Labrandensis*, allant à dr.; il est enveloppé de
son *pallium*, tenant de la dr. la *bipenne*, de la g. la haste
pure; dans le ch., B. (Tétradrachme.)   Æ⁵ 120 fr.

12 *bis*. La même; couronne dans le champ.   Æ³ 20 fr.

5613. La même; la légende effacée. Même type. (Drachme.)
                                         Æ³ F. 4 et 6 fr.

PIXODARUS (*de* 344 *à* 336 (?) *av. J. C.*).

5614. Même tête. ℞. ΠΙΞΩΔΑΡΟ. Même Jupiter. (Didr.)
$\mathcal{R}^4$ 50 à 80 fr.

5615. La même. (Drachme.) $\mathcal{R}^3$ 25 et 35 fr.

INSULAE AD CARIAM ADJACENTES.

CALYMNA (*Calmine*).

5616. Tête virile imberbe, coiffée d'un casque à mentonnière, à droite. ℞. ΚΑΛΥΜΝΙΩΝ. Lyre.
$\mathcal{R}^4$ B.   50 fr. TB   80 fr.

5617. Même tête. ℞. Couronne de laurier; dessous, ΚΑΛΥ.
$\mathcal{E}^2$ 3 et B. 6 fr.

5618. Même tête. ℞. ΚΑΛΥΜ. Lyre. $\mathcal{E}^3$ F.   2 fr.

5619. Même tête, à g. ℞. ΚΑΛΥΜΝΙΩΝ. Lyre. $\mathcal{E}^2$ 6 fr.

5620. La même, légende effacée. $\mathcal{E}^1$ F.   1 et 2 fr.

COS (*Istanko, Lango*).

5621. Tête d'Esculape, à dr. ℞. ΚΩΙΩΝ. ΝΙΚΟΜΗ. Serpent dans un carré creux. $\mathcal{R}^3$ B.   8 fr.

5622. La même, ΚΩ. ΑΝΔΡΟΣ. ΛΟΣ. $\mathcal{R}^3$ 4 fr.

5623. Autre, ΚΩΝ. ΑΝΔΡ. $\mathcal{R}^3$ B.   8 fr.

5624. Autre, ΚΩΙ. ΗΑΙΔΩ. ΕΥΑΡΑΤ. $\mathcal{R}^3$ TB.   12 fr.

5625. Autre, ΚΩ. ΜΕΙΝΟΥ. ΦΙΛΟΥ. $\mathcal{R}^3$ B.   8 fr.

5626. Autre, ΚΩΙ. ΣΙΝΟΓ. ΕΥΔΑ. $\mathcal{R}^2$ B.   6 fr.

5627. Tête barbue d'Hercule, à droite. ℞. Crabe dans un carré creux entouré de points. $\mathcal{R}^3$ 4 fr.

5628. La même. ℞. ΚΩΙΩΝ. ΠΟΛΙΡΑΧΟΣ. $\mathcal{R}^3$ 4 fr.

5629. Autre, nom de magistrat à moitié effacé. $\mathcal{R}^3$ 4 fr.

5630. La même. $\mathcal{R}^2$ F.   2 fr.

5631. Tête d'Apollon, à dr. ℞. ΚΩΙΩΝ. ΑΛΚΙΔΑ. Lyre dans une couronne. $\mathcal{E}^6$ B.   4 fr.

5632. La même, ΚΩΙΩΝ. ΑΡΙCΤΟ. $\mathcal{E}^6$ 1 fr. 50

5633. Autre, ΚΩΙΩΝ. ΕΥΚΡΑ. $\mathcal{E}^6$ 1 fr. 50

5634. Tête d'Esculape, à dr. ℞. Sans lég. Serpent autour d'un bâton. $\mathcal{E}^3$ 1 et B. 3 fr.

5635. ΔΗΜΗΤΡΙ... Même tête. ℞. ΑΣΚΛΗΠΙΟΥ ΣΩΤΗΡΩΣ. Même type. $\mathcal{E}^4$ 3 fr.

5636. La même, sans légende du côté de la tête. $\mathcal{E}^4$ 2 fr.

5637. Même tête. ₽'. ΚΩΙΩΝ. ΝΙΚΑΡΧΟC. Même type.
Æ⁴ 2 fr.

5638. La même. ΚΩΙΩΝ. ΚΛΕΥΜ. Æ⁵ 3 fr.

5639. Tête d'Hercule jeune, à droite. ₽'. ΚΩΙΩΝ. ΑΝΘΕΣ. Carquois. Æ² F. 1 fr.

5640. Tête d'Hercule jeune, de face. ₽'. ΚΩΙΩΝ. ΑΓΛΛΟΣ. Carquois et massue. Æ⁴ 1 et 2 fr.

5641. Autre, ΚΩΙΩΝ. ΑΡΙΣΤΟ. Æ⁴ 1 fr.

5642. Autre, ΚΩΙΩΝ. ΑΓΗΣΙΛΣ. Æ⁴ B. 3 fr.

5643. Autre, ΚΩΙΩΝ. ΚΑΡΙΔΩΝ. Æ⁴ 1 fr.

5644. Tête d'Hercule jeune, à droite. ₽'. ΚΩΙΩΝ. Crabe. Æ² 50 c. et 1 fr.

5645. La même, avec ΚΩ. ΗΡΟΔΟ. Æ² B. 4 fr.

5646. Même tête, à g. ₽'. Lég. effacée. Même type. Æ² 1 f.

5647. Tête voilée de femme, à gauche. ₽'. ΚΩ. ΑΡΙΜΗΝ.. Crabe. Æ² 2 fr.

5648. Même tête, à dr. ₽'. Nom de magistrat effacé. Même type. Æ¹ 1 fr.

5649. ΣΕΒΑΣΤΟΣ. Tête d'Auguste laurée, à dr. ₽'. ΚΩΙΩΝ. Tête d'Esculape, à dr. Æ⁵ 4 fr.

5650. Même tête. ₽'. ΚΩΙΩΝ. ΠΥΘΟΝΙΚΟΣ. Tête d'Hercule jeune, à dr. Æ³ 1 et 2 fr.

5651. La même, ΚΩΙΩΝ. ΝΙΚΑΓΟΡΑΣ. Æ³ 1 et 2 fr.

5652. Autre, ΚΩΙΩΝ. ΚΑΡΜΥ. Æ³ 2 fr.

5653. Même tête. ₽'. ΚΩΙΩΝ. Bâton d'Esculape et massue. Æ³ 2 fr.

5654. La même, ΚΩΙΩΝ. ΣΟΦΟΚΛΗΣ. Æ³ F. 1 et 2 fr.

5654 *bis.* Tête d'Auguste, à dr. ₽'. ΚΩΙΩΝ ΝΙΚΑΓΟΡΑΣ. ΑΔ. Tête d'Esculape, à dr. Æ⁵ 3 fr.

5655. ΣΕΒΑΣΤΟΣ. ΚΩΙΩΝ. Tête laurée d'Auguste, à dr. ₽'. ΣΟΦΟΚΛΗΣ. ΕΡΜΟΓΕΝΟΥ. ΕΙΡΑΝΑ. Tête de femme, à dr. Livie (?), couronnée d'épis. Æ⁵ B. 12 fr.

5656. ΝΕΡΩΝ. ΚΛΑΥ....... Tête laurée de Néron, à dr. ₽'. ΣΕΥΣ. ΚΩΙΩΝ. Tête laurée de Jupiter, à dr. Æ⁵ B. 8 fr.

5657. Légende effacée. Tête de Néron, à dr. ₽'. Même tête de Néron, à dr. Æ⁷ 10 fr.

NICIAS, tyran de Cos.

5657 *bis.* ΝΙΣΙΑΣ. Tête du tyran ceinte d'un diadème, à dr.

21

℞. EYKAPΠOΣ. ΚΩΙΩΝ. Tête laurée et arbue d'Esculape, à dr. Æ⁹ 50 et 100 fr. et TB. 300 fr.

NISYROS (*Nisari*, *Nicero*).

5658. Tête de Neptune, à droite. ℞. NY. Dauphin.
Æ¹ 3 B. 10 fr.

5659. Tête d'Hercule jeune, à droite. ℞. NYZI. Crâne de
bœuf; au-dessus, grappe de raisin. Æ¹ F. 3 fr.

RHODUS (*Rodus*, *Rodi*).

TÉTRADRACHMES.

5660. Tête radiée du Soleil, de face, regardant à droite. ℞.
POΔIΩN. AMEINIAΣ. Fleur du balaustium avec son
fruit; dans le ch., prouc; le tout dans un carré creux.
Æ⁷ 60 fr.

5661. Même tête non radiée. ℞. PΩΔIΩN. Même fleur;
dans le champ, une guêpe. Æ⁸ 30 fr.

5662. La même; dans le champ, Φ. * Æ⁶ B. 90 fr.

DIDRACHMES.

5663. Même tête radiée. ℞. PO. AΓHΣIΔAMOΣ. Dans le
champ, Diane Lucifère allant à dr. Æ⁵ 6 et B. 15 fr.

5664. Autre, PO. EPAΣIKΛHS. Dans le ch., casque surmonté d'une tête d'oiseau. Æ⁵ B. 15 fr.

5665. Autre, PO. MNAΣIMAXOΣ. Dans le champ, Pallas
debout, à g. Æ⁵ B. 15 fr.

5666. Autre, POΔION. EYKPATHΣ. Dans le champ, ancre.
Æ⁵ 10 fr.

5667. Autre, PO. ΘAPΣITAΣ. Dans le champ, aigle sur une
couronne. Æ⁵ B. 15 fr.

5668. Autre, PO. TIMOΘEOΣ. Dans le champ, un terme.
Æ⁵ 12 et 15 fr.

5669. Même tête, sans les rayons. ℞. PO. ANTIΠATPOΣ.
Dans le champ, épi. Æ⁵ 8 fr.

5670. La même, POΔIΩN. Dans le champ, grappe de raisin et Π. Æ⁵ TB. 20 fr.

5671. Autre, POΔIΩN. Dans le ch., foudre et Δ. Æ⁵ 8 fr.

5672. Autre, POΔIΩN. Dans le champ, EY et grappe de
raisin. Æ⁵ B. 12 fr.

DRACHMES ET DIVISIONS.

5673. Tête du Soleil radiée, de face. ℞. PO. Rose épanouie
de face. Æ⁴ F. 4 fr.

5673 *bis*. La même. ℞. PO. ΔΕΞΑΓΟΡΑΣ. Dans le champ,
grappe de raisin. Æ² 4 fr.

5674. Autre. ℞. PO ΜΗΝΟΔΟΡΟΣ. Æ² B. 5 fr.

5674 *bis*. Même tête. ℞. PO. ΠΕΡΕΚ... Dans le champ,
foudre. Æ² B. 5 fr.

5675. Même tête, sans rayons. ℞. ΡΟΔΙΩΝ. Dans le ch.,
Δ et grappe de raisin. Æ³ 4 fr.

5676. La même, sans symbole. Æ³ 4 fr.

5677. Même tête. ℞. PO. Même type, feuille de lierre et Ε.
Æ² TB. 10 fr.

5678. La même ; dans le champ, un petit vase.
Æ² 2 et 3 fr.

5679. Autre. PO. ΑΜΕΙΝΙΑΣ. Dans le ch.,Terme. Æ² B. 4 f.

5680. Autre. PO. ΑΙΝΗΤΩΡ. Dans le champ, un papillon.
Æ³ 3 fr.

5681. Autre. PO. ΑΡΙΣΤΟΒΙΟΣ. Dans le champ, feuille.
Æ³ 4 et 6 fr.

5682. Autre. PO. ΑΡΙΣΤΟΒΟΥΛΟΣ. Dans le champ, gouvernail. Æ³ B. 8 fr.

5683. La même. Æ² 3 fr.

5684. Autre. PO. ΔΙΟΦΑΝΗΣ. Dans le ch., étoile. Æ³ 3 fr.

5685. Autre. PO. ΓΑΣΙΩΝ. Dans le ch., massue. Æ³ 3 fr.

5686. Autre. PO. ΓΟΡΓΟΣ. Dans le ch., arc et carquois.
Æ³ 2 et B. 3 fr.

5687. La même. Dans le champ, un instrument recourbé.
Æ² 2 et B. 4 fr.

5688. Autre. PO. ΚΥΣΙΚΡΑΤΗΣ. Dans le ch., une feuille.
Æ² B. 4 fr.

5689. Autre. ΝΙΚΟΣΤΡΑΤΟΣ. Æ³ B. 8 fr.

5690. Autre. PO. ΣΤΑΣΙΩΝ. Dans le ch.,.massue. Æ³ 3 fr.

5691. Autre. PO. ΕΛΗΦΑΝΤΟΣ. Dans le champ, étoile.
Æ⁵ B. 5 fr.

5692. Autre. Nom de magistrat rogné ; dans le champ, caducée. Æ³ B. 3 fr.

5693. Autre. Dans le champ, un trépied. Æ³ B. 4 fr.

5694. Même tête, regardant à g. ℞. PO. Fleur du balaustium. Æ² 2 fr.

5695. La même, PO. ΑΙΝΗΤΩΡ. Dans le champ, caducée.
ÆR³ 4 et B. 5 fr.
5696. Autre, PO. ΔΑΜΑΣΙΑΣ. Dans le ch., terme. ÆR³ 3 f.
5697. Autre, PO. ΓΩΡΓΟΣ. Dans le ch., papillon. ÆR³ 3 f.
5698. Autre, PO. ΠΥΘΕΑΣ. Dans le champ, dauphin.
ÆR³ B. 5 fr.
5699. La même, nom de magistrat illisible. ÆR³ B. 3 fr.
5700. Tête radiée du Soleil, à dr. ℞. PO. ΑΡΙΣΤΟΚΡΙΤΟΣ.
Dans le champ, corne d'abondance. ÆR³ B. 4 fr.
5701. La même, PO. ΑΡΤΕΜΩΝ. Dans le champ, lotus.
Æ³ 2 fr. et B. 4 fr.
5702. La même; dans le champ, bouclier rond. ÆR³ 2 fr.
5703. Autre, PO. ΑΘΑΝΟΔΩΡΟΣ. Dans le champ, aile.
ÆR³ B. 3 et 5 fr.
5704. Autre, PO. ΔΕΞΑΓΟΡΑΣ. Dans le champ, carquois.
ÆR³ 3 fr. et B. 5 fr.
5705. Autre, PO. ΔΕΞΙΚΡΑΤΗΣ. Dans le champ, caducée.
ÆR³ ΓB. 8 fr.
5706. Autre, PO. ΕΥΦΑΝΗΣ. ÆR³ 3 fr.
5707. Autre, PO. ΖΗΝΩΝ. Dans le champ, casque.
ÆR³ 2 fr. et B. 4 fr.
5708. Autre, PO. ΞΕΝΟΦΑΝΤΟΖ. Dans le champ, tête de
bélier et caducée. ÆR³ B. 5 fr.
5709. Autre, PO. ΞΕΝΟΚΡΑΓΗΣ. Dans le champ, lyre.
ÆR³ B. 4 et 5 fr.
5710. Autre, PO. ΛΙΣΙΜΑΧΟΥ. Dans le champ, massue.
ÆR³ 3 fr.
5711. Autre, PO. ΜΑΗΣ. Dans le ch., lotus. ÆR³ 2 et 4 f.
5712. Autre, PO. ΜΕΛΑΝΤΑΣ. Dans le champ, grappe de
raisin. ÆR³ B. 4 fr.
5713. Autre, PO. ΜΝΗΜΩΝ. Dans le ch., corne d'abondance. ÆR³ 3 fr. et TB. 6 fr.
5714. Autre, PO. ΝΙΚΑΓΟΡΑΣ. ÆR³ 3 fr.
5715. Autre, ΝΙΚΗΦΟΡΟΣ. ÆR³ 3 fr.
5716. Autre, PO. ΟΝΑΣΛΝΔΡΟΣ. Dans le champ, papillon. ÆR³ 3 fr.
5717. Autre, PO. ΣΤΑΣΙΩΝ. Dans le ch., étoile. ÆR³ 3 fr.
5718. Autre, PO. ...ΚΥΑΣ. Dans le ch., massue. ÆR³ 3 fr.
5719. Autre, PO. ΑΙΝΗΤΟΡ. Dans le champ, torche.
ÆR³ B. 4 fr.

5720. Autre. Nom de magistrat illisible.   Æ³ 1 fr. 50.

5721. Même tête. ℞. PO. Deux boutons du *balaustium*; au-
dessus, une lampe (?).   Æ¹ 2 fr. et TB. 6 fr.

5722. Alexandre le Grand, type du nᵒ 2780. Devant le Jupiter, fleur du *balaustium*. PO sous le siége ; dans le ch.,
OMH (?) en monogr.   Æ⁹ 15 fr.

5723. La même. Dans le champ, fleur du *balaustium* et
ΑΙΝΗΤΩΝ. PO sous le siége.   Æ⁹ B. 30 fr.

5724. Tête radiée du Soleil, à dr. ℞. PO. Fleur du *balaustium*. Dans le ch., corne d'abondance.   Æ⁸ 5 fr.

5725. La même. Dans le ch., chouette et caducée. Æ⁸ 3 fr.

5726. Autre. Dans le champ, foudre et vase à une anse.
          Æ⁸ 2 fr.

5727. Autre. Dans le ch., lyre et caducée.   Æ⁸ 2 fr.

5728. Même tête. ℞. PO. Même fleur dans un carré creux.
          Æ² 1 fr.

5729. Tête radiée du Soleil, à dr. ℞. POΔΙΩΝ. Même type,
sans le carré creux.   Æ⁴ 1 fr.

5730. Même tête, à g. ℞. POΔΙΩΝ. Même type. Dans le
champ, caducée.   Æ⁴ B. 3 fr.

5731. Même tête, à dr. ℞. POΔΙΩΝ. Fleur du *balaustium*
épanouie.   Æ⁴ 50 c. et 1 fr.

5732. La même, avec PO. ΣΑΤΥΡΟΣ.   Æ⁴ B. 3 fr.

5733. Autre, avec PO. ΕΠΙ ΤΥΧΗΣ. Dans le champ, un
caducée.   Æ⁴ 2 fr.

5734. Tête de Jupiter, à dr. ℞. PO. Fleur du *balaustium*
avec des rayons.   Æ³ 4 fr.

5735. La même ; avec ΦΙ dans le champ.   Æ⁴ B. 4 fr.

5736. PO. Fleur du *balaustium*. ℞. Même fleur.
          Æ¹ 50 c. et 1 fr.

5737. Tête de femme, à dr. ℞. PO. Même fleur. (8 var.
de symboles.)   Æ¹ 50 c. et B. 1 fr.

5738. Tête radiée de Bacchus, à dr. ℞. POΔΙΩΝ. ΕΠΙ.
ΔΑΜΑΡΑΤΟΥ. Victoire, à dr., sur une proue de navire.
          Æ¹¹ 5 fr. 15 et TB. 30 fr.

5738 *bis*. POΔΙΟΥ. ΥΠΕΡ. ΤΩΝ. CΕΒΑCΤΩΝ. Tête radiée
du Soleil, à dr. ℞. ΔΙΔΡΑΧΜΩΝ. Victoire, à g., couronnant un trophée.   Æ¹⁰ TB. 50 fr.

5739. Tête radiée du Soleil, à dr. ℞. PO. Victoire debout,
à g.   Æ⁴ 50 c. et 1 fr.

5740. La même, avec POΔIΩN. Æ⁴ 50 c. et 2 fr.

5741. Autre, POΔIΩN. La Victoire, à **dr.**, sur une proue.
Æ⁴ 2 fr.

5742. POΔIΩN. Buste radié du Soleil, à dr. ℞. POΔIΩN.
Buste radié de Sérapis, à dr. Æ⁴ 1 et 2 fr.

5743. Autre, le buste radié du Soleil, des deux côtés.
Æ⁴ 3 fr.

5744. Tête tourelée de femme, à dr. ℞. POΔIΩN. Massue.
Æ² 2 fr.

5745. ANTΩNINOC KAICAP. Tête laurée d'Antonin César (?), à dr. ℞. POΔIΩN. Tête du Soleil radié, à dr.
Æ⁴ 3 et B. 6 fr.

TELOS (*Elleci, Tillos Episcopi*).

5746. Tête casquée de Pallas, à dr. ℞. THAI. Crabe ; dessous, nom de magistrat effacé. Æ¹ B. 50 fr.

VILLE VOISINE DE CAMIROS RHODI.

5747. Buste de cheval, à dr. ℞. Δ dans un carré creux.
Æ¹ B. 12 fr.

Cette dernière monnaie est classée par tous les auteurs à Delium
de Rorotie, mais sa parfaite ressemblance de fabrique, l'identité
de type et de poids avec une monnaie de Camirus, faisant partie
du cabinet de France, nous déterminent à retirer cette pièce de la
Béotie, pour la reporter aux incertaines des îles de Carie.

LYCIA *in genere*.

5747 *bis*. Partie antérieure de sanglier, à dr. ℞. Carré
creux divisé. Æ⁶ B. 100 fr.

5747 *ter*. Tête imberbe de face, un oiseau posé sur la joue
gauche. ℞. Rose ou fleur du balaustium. Æ⁴ 3 et 6 fr.

5748. Alexandre le Grand. Type du n° 2800. Dans le ch.,
devant, M.; sous le siége, AY. Æ⁷ 15 et 25 fr.

5749. Philippe III. Type du n° 2880. ℞. Même type.
Æ⁷ 20 et B. 30 fr.

5750. La même ; dans le champ, devant, AY et proue.
Sous le siége, Ξ. Æ⁷ 20 et 30 fr.

5751. La même, pièce fourrée. Æ⁷ 8 fr.

5752. AYTOKPAT. NEPOYAC. KAICAP. CEBACT. Tête
laurée de Nerva, à dr.; dans le ch., AY. ℞. YΠATOY.

TPITOY. Chouette penché sur deux lyres. Æ⁴ B. 15 fr.
5753. AYT. KAIC. NEP. TPAIANOC. CEB. ΓEPM. Tête
laurée de Trajan, à dr. ℞. ΔEM. EΞ. YΠAT. B. Même
type.   ℛ⁴ 3 et 5 fr. et TB. 12 fr.
5754. AYTOKP. KAIC. NEP. TPAIANOC. CEB. ΓEPM.
Même tête. ℞. ΔHMAPX. EΞ. YΠAT. B. dans une couronne de laurier.   Æ⁷ 2 et 3 fr.
5755. La même.   Æ³ 1 et 2 fr.
5756. AYT. KAIC. NEP. TPAIAN. CEB. ΓEPM. Même
tête. ℞. ΔHMAPX. EΞ. YΠAT. B. Caducée ailé.
                                          Æ³ 2 et 3 fr.

Ces trois dernières pièces ont été classées par MM. Duchalais,
Leake et Muller, à la Cyrénaïque, mais si l'on compare la fabrication de ces monnaies avec les pièces d'argent de la Lycia, il nous
semble impossible de séparer le cuivre de l'argent. Une autre raison nous fait admettre cette attribution, c'est qu'il nous a été rap-
porté de l'Asie Mineure plusieurs pièces d'argent et de bronze de
Trajan, décrites sous nos numéros 5753 et 5755.

CRAGUS.

5757. AY. Tête d'Apollon, à dr. ℞. KP. Lyre. ℛ³ TB. 20 f.
5758. La même. ℞. Lyre ; dans le champ, un épi. ℛ³ 8 fr.
5759. Autre ; dans le champ, T.   ℛ³ F. 4 fr.

MASSICYTES.

5760. AY. Tête d'Apollon, à dr. ℞. MA. Lyre.
                                   ℛ³ 8 fr. et B. 12 fr.

PEREKLE.

5761. Tête de lion, de face. ℞. ΠEPEKΛE en caractères
lyciens, figure n° 51. Symbole Lycien en forme de triquetra.   ℛ⁴ B. 200 fr.
5762. La même, seulement les trois derniers caractères
visibles.   Æ³ B. 50 fr.
5763. Tête barbue de Pan, à g., avec deux longues cornes
au front. ℞. Mêmes légende et type.   ℛ³ 10 et 20 fr.

PHASELIS (*Fionda*).

5764. Tête de sanglier, à dr. ℞. Carré creux informe.(Var.
de la pl. II, n° 1, de Fellows.)   ℛ³ B. 30 fr.

CONCORDIA FLOS CUM CRAGUS.

5764 *bis*. Tête de Diane, à dr. ℞. Légende effacée; carquois dans un carré creux.   Æ² 15 fr.

La même pièce existe au cabinet de France, avec TΛ et KP.

PAMPHYLIA.

ASPENDUS (*Menugat*).

5765. Deux éphèbes luttant. ℞. ΕΣΤΓΕΔΙΙΥΣ. Frondeur
vêtu d'une tunique, ajustant sa fronde ; devant lui une
triquetra ; le tout dans un carré bordé de perles.
                      Æ⁶ 8 et 12 fr. et B. 30 fr.
5766. La même, AΛ entre les deux lutteurs.   Æ⁶   15 fr.
5766 *bis*. Autre, AN.   Æ⁶ B   20 fr.
5767. Autre, AΦ.   Æ⁶   15 fr.
5767 *bis*. Autre, avec AM.   Æ⁶ B.   20 fr.
5768. Autre, ΔA.   Æ⁶ B.   20 fr.
5769. Autre, ΓK.   Æ⁶ B.   25 fr.
5770. Autre, ΓA.   Æ⁶ B.   20 fr.
5771. Autre, LΦ.   Æ⁶ B.   20 fr.
5772. Autre, AI.   Æ⁶   10 et 12 fr.
5772 *bis*. Autre, ΙΙO.   Æ⁶   12 fr.
5773. ΙΙO. Mêmes lutteurs. ℞. Même type ; partie antérieure de cheval devant les lutteurs.   Æ⁶ F.   12 fr.
5773 *bis*. Alexandre le Grand. Type du n° 2780 ; devant le
Jupiter, AΣ et Δ.   Æ⁸ B.   25 fr.
5774. .... KOMMOΔOC. Buste de Commode, César, à
dr. ℞. ACHE..... Deux statues de Diane de Perga,
dans un temple distyle séparé au milieu.   Æ⁴   8 fr.

ATTALIA (*Palea-Attalia*).

5775. Tête de Neptune, à dr. ℞. ATTAΛEΩN. Neptune debout, à g.   Æ⁴ B.   12 fr.
5776. AY. K. C. Γ. OYIB. TPEB. ΓA.. Buste lauré et drapé
de Tréb. Galle, à dr. ℞. ATTAΛEΩN. Némésis debout,
à g.; à ses pieds, un griffon.   Æ⁷   10 fr.

ETENNA.

5777. Femme nue debout, de face, les jambes croisées, tenant un serpent; à ses pieds, un vase. ℞. ET. Soc de charrue ou faux. Æ⁴ 10 fr.

ISINDUS.

5778. Tête laurée de Jupiter, à dr. ℞. ΙΣΙΝ. Cavalier casqué, au galop, lançant un trait, à droite; derrière, Γ. Æ⁵ B. 20 fr.

5779. Même type; derrière le cavalier, ΝΙ; dessous, serpent. Æ⁴ 8 fr.

5780. ... ΝΕΙΑ. ΤΡΑΝΚΥΛ.... Buste de Tranquilline, à dr., sur un croissant. ℞. ΙΣΙΝΔΕΩΝ. La Fortune debout, à g. Æ⁸ 15 fr.

PERGA (Kara-Hyssar, Tekie-si).

5781. Têtes accolées de Junon et de Diane, à dr. ℞. ΑΡΤΕΜΙΔΟ ΠΕΡΓΑΙΑΣ. Diane debout, à dr., tenant une couronne et un sceptre. Æ⁴ 10 fr.

5782. Tête de Diane, à dr. ℞. ΑΡΤΕΜΙΔΟΣ ΠΕΡΓΑΙΑΣ. Diane debout, à g., appuyée sur la haste. Æ⁴ 2 et 4 fr.

5783. ΠΕΡΓΑΙΩΝ. Buste de Pallas, à dr. ℞. ΜΑΝΑΨΑ. ΠΡΟΗ (?). Télesphore debout. Æ⁴ B. 10 fr.

5784. ΤΙΤΟΣ ΚΑΙΣΑΡ. Tête de Titus, césar (?), à dr. ℞. ΑΡΤΕΜΙΔΟΣ ΠΕΡΓΑΙΑΣ. Diane tenant arc et flèche, allant à dr. Æ⁴ 6 fr.

5785. ΑΥΤΟ. ΚΑΙ. ΚΟΜΜ... Buste lauré de Commode, à dr. ℞. ΠΕΡΓΑΙΩΝ. Diane en habit court, allant à g. Æ⁴ 10 fr.

5785 bis. ..... ΙΟΥ. ΟΥΗ. ΜΑΞΙΜΕΙΝΟΣ. ΕΥΣ. Buste lauré et drapé de Maximin Iᵉʳ, à dr. ℞. ΠΕΡΓΑΙΩΝ. Hercule debout appuyé sur la massue. Æ¹⁰ 15 fr.

5786. ΑΥ. Κ. Μ. ΙΟΥ. ΣΕΟΥ. ΦΙΛΙΠΠΟΣ. Σ. Buste lauré et drapé de Philippe II, posé sur un globe. ℞. ΠΕΡΓΑΙΩΝ. Vulcain nu, assis sur un rocher, à dr., la gauche posée sur un globe placé sur son genou. Æ⁶ B. 12 fr.

5787. Même buste, sans le globe. ℞. ΠΕΡΓΑΙΩΝ. L'Espérance, allant à g. Æ⁶ 3 fr.

5788. Même buste. ℞. ΠΕΡΓΑΙΩΝ. Victoire tenant palme et couronne, à g. Æ⁶ 6 fr.

5789. Même buste. ℞. ΑΡΤΕΜΙΔΟΣ. ΠΕΡΓΑΙΑΣ. ΑΣΥΛΟΥ.

Simulacre de Diane de Perga, dans un temple distyle.
Æ⁷ F. 2 fr.

5790. AYT. KAI. IIO. AI. ΓΑΛΛIΗΝΟ. CEB. Buste lauré et drapé de Gallien, à dr.; devant, I. ℞. ΠΕΡΓΑΙΩΝ. Trois vases sur une estrade. Æ⁸ 5 et 10 fr.

5791. KOPNHAIA. CAΛΩNINA. CEBA. Buste de Salonine sur un croissant, à dr.; devant, I. ℞. ΠΕΡΓΑΙΩΝ. Même type. Æ⁹ B. 12 fr.

5792. Même buste. ℞. ΠΕΡΓΑΙΩΝ. Mercure et Hercule allant à g.; au milieu d'eux un labarum. Æ⁹ TB. 20 fr.

5793. KOPNHAIAN. CAΛΩNINAN. CE. Même buste. ℞. ΠΕΡΓΑΙΑC. ΑΡΤΕΜΙΔΟC. ΑCYΛOY. Diane avec une longue robe, allant à dr.; elle est couronnée par la Victoire, placée derrière elle. Æ⁹ B. 15 fr.

5794. Même buste. ℞. ΙΕΡΟC. ΑΡYCTOY. ΠΕΡΓΑΙΩΝ. Grande urne posée sur une table. Æ⁸ 4 fr.

5795. IIO. ΛΙΚ. CAΛΩN. OYAΛEPIANOC. Buste lauré et drapé de Salonin, posé sur un aigle, à dr.; devant, I. ℞. ΠΕΡΓΑΙΩΝ. NEΩKOPΩN. Jupiter assis, à g., tenant de la droite la Victoire, la gauche sur la haste; dans le champ, derrière, A. Æ⁹ TB. 50 fr.

5796. AYT. K. Λ. ΔOM. AYPHΛIANOC. CEB. Buste lauré et drapé d'Aurélien, à dr.; devant, I. ℞. ΠΕΡΓΑΙΩΝ. NEΩKOPΩN. Simulacre de Diane de Perga, dans un temple distyle. Æ⁸ 12 fr.

POGLA.

5797. ...... ΓΕΤ...... Buste drapé de Géta, césar, à dr. ℞. ΠΩΓ.... Bacchus debout, à g., tenant la haste et le *cantharum*; à ses pieds, une panthère. Æ⁷ 20 fr.

SIDE (*Candeloro* (?)).

5798. Tête de Pallas, à dr., avec une mouche en contre-marque. ℞ lisse. Ær⁴ 10 fr.

5799. Tête de Pallas, à droite. ℞. CT. Victoire tenant une couronne, allant à g.; dans le ch., une grenade. Ær⁸ 15 f.

5800. La même, avec ΔIO. Ær⁸ 15 fr.

5801. Autre, EI. Ær⁸ 15 fr.

5802. Autre, ΚΛΕΥΣ. Ær⁸ 12 et 15 fr. et TB. 25 fr.

5802 *bis*. Tête imberbe casquée, à droite ; derrière, fer de lance. ℞. Tête imberbe de face.   Æ² TB.   6 fr.

5802 *ter*. La même, grenade ou osselet ; derrière la tête, casque.   Æ³   2 et 4 fr.

5803. Tête de Pallas, à dr. ℞ . ΣΙΑΗ. Grenade. Æ⁴ 1 et 2 fr.

5804. Tête casquée de Pallas, à dr. ℞. ΣΙΑΗΤΩΝ. Victoire allant à g.; devant, une grenade.   Æ⁴   50 c. et 1 fr.

5805. Tête laurée d'Apollon, à dr. ℞. ΣΙΑΗΤΩΝ. Pallas allant à g.; un serpent la suit.   Æ⁴   3 et 4 fr.

5806. Buste de Pallas, à dr. ℞. ΣΙΑΗ... Diane debout, à droite.   Æ² F.   1 fr.

5807. Légende effacée. Buste drapé d'Hadrien, à dr. ℞. ΣΙΑΗΤΩΝ. L'empereur debout, tenant de la droite une grenade ; de la gauche la haste.   Æ⁶ F.   3 fr.

5808. ...... ΚΟΜΜΟΔΟC. Buste lauré et cuirassé de Commode, à dr. ℞. CΙΑΗΤΩΝ. Femme tourelée assise, de face, sur un rocher, le pied droit sur une proue.
                                                       Æ⁹   12 fr.

5809. ΠΛΑΥΤΙΛΛΑ CΕΒΑCΤΗ. Buste de Plautille, à dr. ℞. CΙΑΗΤΩΝ. Fleuve couché, à g.; devant lui, Diane sous les traits de la lune.   Æ¹⁰   20 fr.

5810. ΑΥΤΟΚ. ΚΑΙCΑΡ. Γ. ΙΟΥΛ. ΟΥΗΡ...ΕΙΝΟC. Buste lauré et drapé de Maximin Iᵉʳ, à dr. ℞. CΙΑΗΤΩΝ. Galère avec six rameurs.   Æ¹⁰ B.   30 fr.

5811. ..... ΑΝΤ. ΓΟΡΔΙΑΝΟC. Buste lauré de Gordien III, à dr. ℞. CΙΑΗΤΩΝ. Pallas debout, à g.; à ses pieds, un vase.   Æ⁷   6 fr.

PISIDIA.

ANDEDA.

5811 *bis*. ΚΑ. Π. ΛΙ. ΟΥΑ... ..ΒΑCΤΩΝ. Buste lauré et drapé de Valérien père, à dr. ℞. ΑΝΔΗΔΕΩΝ. La Fortune debout, à g.   Æ⁴ F.   50 fr.

Cette ville ne se trouve mentionnée dans aucun des anciens auteurs ; la seule pièce connue de cette ville est une Tranquilline du cabinet de France. Elle était autrefois classée à Adada ; mais M. Chabouillet, directeur du cabinet des médailles, avait déjà remarqué cette faute et classé cette monnaie Andeda, ville du même peuple.

ANTIOCHIA (*Ak-Chiehere*).

5812. ANTIO. Buste du dieu Lunus, à g. ℞. COLON. Coq marchant à g.   Æ² 15 fr.

5813. AVRELIVS.... Tête de Marc Aurèle, césar, à dr. ℞. ANTOCHEAE COLONI. Louve et les deux enfants, à dr.   Æ³ F. 2 fr.

5814. Même tête. ℞. Même légende. Aigle éployée, à dr.   Æ⁴ 3 fr.

5815. SEVERVS PIVS AVG. Tête laurée de Septime Sévère, à dr. ℞. C. GE. COL. CA. ANTIOCH. Femme tourelée debout, à g., tenant un rameau et une corne d'abondance.   Æ⁶ B. 4 fr.

5816. IMP. CAES. L. SEP. SEVERVS PER. AVG. Tête laurée de Septime Sévère, à droite. ℞. COL. CAES. ANTIOCH. Lunus debout, tenant haste et Victoire, à dr., il est appuyé sur une colonne, le pied droit posé sur une tête de bœuf; à ses pieds, un coq ; dans le champ, S. R.   Æ¹⁰ 15 fr. et B. 30 fr.

5817. SEPT. SEV. AVG. IMP. P. Même tête. ℞. ANTIO-CHENI. COL. CAES. Type du n° 5815.   Æ⁶ 6 et TB. 10 f.

5818. IMP. L. SEPT. SEVERVS P. Même tête. ℞. Le même.   Æ⁶ B. 6 fr.

5819. IVLIA AVGVSTA. Buste de Julia Domna, à dr. ℞. Celui du n° 5816.   Æ¹⁰ 15 fr.

5820. Même tête. ℞. Celui du n° 5815.   Æ⁶ 2 et 3 fr.

5821. Même tête. ℞. COLONIA. C. G. ANTIOCH. Type du n° 5816.   Æ⁶ 10 fr.

5822. IMP. C. M. AVR. ANTONINVS PIVS. AVG. Tête laurée de Caracalla, à dr. ℞. COL. CAES. ANTIOCH. La louve, à dr., allaitant les deux enfants ; à l'exergue, S. R.   Æ¹⁰ 10 fr.

5823. IMP. CAE. M. AVR. ANTONINVS PIVS. AVG. Même tête. ℞. VICT. D. N. COL. ANTIOCH. Victoire allant à g., tenant palme et couronne ; dans le champ, S. R.   Æ¹⁰ 15 fr.

5824. IMP. CAES. P. SEPT. GETAC. AVG. Buste lauré et drapé de Géta, à dr. ℞. Celui du n° 5816.   Æ¹⁰ 15 fr.

5825. IMP. CAES. M. ANT. GORDIANVS AVG. Buste lauré et drapé de Gordien III, à dr. ℞. CAES. ANTIOCH. COL.

L'empereur à cheval, courant à dr., et frappant un lion déjà percé d'un trait. Æ10 B. 10 fr.

5825 *bis*. Même buste, sans le *paludament*. R'. CAES. ANTIOCH. COL. La louve et les deux jumeaux, à dr., sous un arbre ; à l'exergue, S. R Æ10 B. 8 fr.

5826. Même buste. R'. CAES. ANTIOCH. COL. L'empereur debout, à g., sacrifiant devant trois enseignes. Æ10 6 fr.

5827. Même légende, même buste radié et drapé. R'. CAES. ANTIOCH. C. L. L'empereur debout, à dr., tenant la haste et un globe ; dans le champ, S. R. Æ7 4 fr.

5828. IMP. M. IVL. FILIPPVS. P. FEL. A. Buste radié et drapé de Philippe père, à dr. R'. C. CAES. ANTIOCHI. *Vexillum* entre deux enseignes ; au milieu, S. R.
Æ7 B. 4 fr.

5829. IMP. M. IVL. PHILIPPVS AV. Buste radié de Philippe II, à dr. R'. COLON. CAESAR. ANTI. Même type.
Æ7 4 fr.

5830. IMP. M. IVL. PHILIPPVS P. F. AVG. P. M. Même buste. R'. COL. CAES. ANTIOCH. Même type. Æ7 B. 6 f.

5831. IMP. C. V. MP. CALVSSIANO AVG. Buste radié et drapé de Volusien, à dr. R'. ANTIOCHI. COL. *Vexillum* entre deux enseignes. Æ8 B. 5 fr.

BARIS.

5832. .... POC. IIEP. Buste lauré et drapé de Septime Sévère, à dr. R'. BAPH.... Hercule bicéphale tenant arc et massue ; un oiseau de Stymphale sur l'arc.
Æ10 F. 100 fr.

CONANA.

5833. AY. KAI. ΠΟ. ΛIK. ΓΑΛΛIHNOC. Buste lauré de Gallien, à dr. R'. KONANEΩN. Jupiter debout, à g., tenant de la droite une patère (?). Æ10 60 fr.

MAGIDUS.

5833 *bis*. Tête casquée de Pallas, à dr. ; derrière, MAΓIΔ en monogr. R'. BAΣIΛEΩΣ AMYNTOY. Victoire allant à g., tenant un sceptre ; dans le ch., IB. R7 30 f. TB. 35 f.

SAGALASSUS (Sadyaklu).

5834. Tête de Jupiter, à dr. R'. ΣΑΓΑ. Deux boucs se heurtant. Æ3 3 et 10 fr.

5835. KAIC. ΣEBACTOC. Tête nue d'Auguste, à dr. ℞.
CAΓAΛΛACCEΩN. Tête de Jupiter, à dr.   Æ⁴ B.   15 fr.

5836. NEPΩN KAICAP. Tête laurée de Néron, à droite. ℞.
CAΓAΛΛACCEΩN. Buste de Minerve, à dr.   Æ⁵ B. 20 fr.

5837. NEPOYAC KAICAP. Tête laurée de Nerva, à dr. ℞.
CAΓAΛΛACCEΩN. Pluton nu enlevant Proserpine.
                                        Æ⁴   10 et 15 fr.

5837 *bis*. Même tête. R. CAΓAΛΛACCEΩN. Les Dioscures
debout.   Æ⁴ B.   30 fr.

5838. AYT. K. M. AYP. ANTΩNEINOC AYΓ. Tête laurée
de Marc Aurèle, à dr. R. CAΓAΛΛACCEΩN. Femme debout, à g., tenant de la droite des épis (?), de la gauche
un long flambeau ; à ses pieds une ciste entr'ouverte d'où
sort un serpent.   Æ⁷ TB.   30 fr.

5839. Même tête. R. CAΓAΛΛACCEΩN. Lion bondissant, à
gauche.   Æ⁷   8 fr.

5840. AYT. KAI. . . . . . NINOC. Buste lauré et drapé d'É-
lagabale, à dr. R. CAΓAΛΛACCEΩN. Colonne surmontée
d'un grand A entre deux cippes ou autels.   Æ⁷   8 fr.

5841. IOYΛIA. MAMEA. CE. Buste de Mamée, à dr. R.
CAΓAΛΛACCEΩN. La Fortune debout, à g.   Æ⁷   10 fr.

5842. A. K. Π. Λ. O. ΓAΛΛIHNΩN. Buste lauré et drapé
de Gallien, à dr. R. CAΓAΛΛACCEΩN. Europe sur un taureau allant à dr.   Æ⁷ B.   8 fr.

5843. AY. K. M. AYP. KΛAYΔIΩ. Buste lauré et drapé de
Claude II, à dr. R. CAΓAΛΛACCEΩN. Colonne surmontée
d'un grand A entre deux cippes ou autels placés au milieu de deux temples distyles.   Æ⁷   10 et 15 fr.

5844. Même buste ; devant, I. R. CAΓAΛΛACCEΩN. Lion,
à g., la patte droite levée.   Æ¹⁰   12 fr.

SELEUCIA (Selefke).

5845. Légende effacée. Buste lauré d'Hadrien, à dr., les
épaules nues. R. KΛAYΔI. . . .YKEΩN. L'empereur, à
gauche, tenant haste et patère.   Æ⁴ F.   4 fr.

5846. . . . . . . ANT. . . . . Buste lauré et drapé d'Élagabale,
à dr. R. . . . .ΔI. CEΛEYKEΩN. Le dieu Lunus debout,
à dr., le pied sur une tête de bœuf, la droite sur la haste,
la gauche sur la hanche.   Æ⁷   12 fr.

5847. Même buste non drapé. ℞. ΚΛΑΥΔΙΟ. CE...... Figure nue allant à dr., tenant une palme (?) sur l'épaule.
Æ⁷ F. 6 fr.

SELGE.

5848. Tête barbue d'Hercule, de face, la massue sur l'épaule. ℞. ΣΕΛΓΕΩΝ. Massue et une seconde massue (?) plantée dans une caisse, à laquelle il a poussé plusieurs rameaux. Æ³ B. 35 fr.

5849. Tête barbue d'Hercule, à dr., massue sur l'épaule. ℞. ΣΕΛ. Arc et foudre. Æ² 50 c., 1 et 2 fr.

5850. Même tête. ℞. CE. Foudre et massue. Æ² 3 fr.

5851. Tête barbue radiée, de face, la massue sur l'épaule. ℞. ΣΕΛ. Cerf couché, à dr., se retournant à gauche ; dessous, K. Æ³ 2 et 4 fr.

5852. Même tête. ℞. ΣΕΛ. Partie antérieure d'un cerf, à dr., se retournant. Æ² 50 c., 1 et 3 fr.

5853. ΑΥΤΟ. ΚΑΙϹΑΡ. ΑΝΤΩΝΕΙΝΟϹ. Tête laurée d'Antonin, à dr. ℞. CEΛΓΕΩΝ. Deux grands phares entre deux autres plus petits construits sur une base.
Æ⁶ TB. 40 fr.

TERMESSUS (*Estenaz*).

5854. Tête laurée de Jupiter, à dr. ℞. ΤΕΡ. Cheval libre courant à g. ; au-dessus, F. Æ⁴ 3 fr.

5855. La même ; K, au-dessus du cheval ; autre, avec Γ.
Æ⁴ 1 et 2 fr.

5855 *bis*. Autre, avec KΣ et foudre. Æ⁴ 2 fr.

5855 *ter*. Même tête. ℞. ΤΕΡ. Bison cornupète, à g. Æ³ 2 fr.

5856. Même tête ; derrière, un sceptre. ℞. ΤΕΡΜΕΣΣΕΩΝ. Foudre. Æ⁵ TB. 20 fr.

5857. ΤΕΡΜΗϹϹΕΩΝ. Buste casqué et barbu de Mars, à g. ℞. ΤΩΝ. ΜΕΙΖΟΝΩΝ. Mercure debout, à g., tenant une patère et le caducée. Æ⁵ B. 15 fr.

5858. Même légende et même buste. ℞. ϹΟΛΥΜΟϹ. Héros casqué, assis à g. Æ⁵ B. 6 fr.

5859. Même légende et même buste, à dr. ℞. Type du n° 5857. Æ⁵ 4 fr.

5860. Même légende et même buste, à dr. ℞. ϹΟΛΥΜΟϹ. Guerrier debout, à g., tenant un trophée, et la droite sur la haste. Æ⁴ F. 4 fr.

5861. TEPMHCCEΩN. Buste à tête nue de Mercure, à dr., caducée sur l'épaule. B'. TΩN. MEIZONΩN. Pallas debout, à g., tenant une patère et la haste. Æ⁷ 5 fr.

5861 *bis*. TEPMHCCEΩN. Tête de Jupiter, à dr. B'. TΩN. MEIZONΩN. La Fortune debout, à g., elle est couronnée par la Victoire également debout. Æ⁸ TB. 30 fr.

ISAURIA.

ISAURUS (*Bey-Scicheri*).

5862. Buste lauré d'Hadrien, à dr. B'. ICA...... MHTPO‛ ΠOΛEOC. Porte de ville ou forteresse avec deux tours. Æ' 20 fr.

CILICIA *in genere*.

5863. Alexandre le Grand. Type du n° 2780. Dans le ch., devant le Jupiter, une charrue. Æ⁷ TB. 25 fr.

5863 *bis*. La même ; dans le champ, massue dans une couronne et monogr. Æ⁷ 12 fr. et B. 25 fr.

5863 *ter*. Autre, devant un arc. Æ⁷ 15 fr.

5863 *quater*. Type du n° 2800. KIT. en monogr., devant le Jupiter. Æ⁷ 15 et 20 fr.

AEGAE (*Aias-Kale*).

5864. Buste casqué de Pallas, à dr. B'. AIΓEAIEΩN. Chèvre couchée, à g. ; dans le champ, ΔI. CP. Æ³ B. 10 fr.

5865. Tête casquée de Pallas, à dr. B'. AIΓAEΩN. Neptune nu, debout, radié, de face, tenant la haste et un dauphin. Æ⁴ 4 fr.

ALEXANDRIA AD ISSUM (*Iskanderona, Alessandretta*).

5866. AYT. KAI. M. AY. CE. AΛEΞANΔEP. CEB. Buste lauré et drapé de Sévère Alexandre, à dr., B'. AΛEΞANΔPEΩN. KAT. ICCON. ET. HϞC. (an 298.) La Fortune debout, à g. Æ⁷ 25 fr.

ANAZARBUS CAESAREA AD ANAZARBUM (*Aijuzaròa*).

5867. AYT. K. P. ΛIK. OYAΛEPIANOC. CE. Buste lauré et drapé de Valérien père, à dr. B'. ANAZAPBOY. MHTPO. ET. BOC. (an 272). A. M. K. Bacchus assis sur une panthère, à dr., se retournant à gauche. Æ⁸ 10 fr.

5868. Même buste. ℞. Même légende, avec A. M. K. Γ. Γ. T. Capricorne sur un globe, à dr. Æ⁵ 4 fr

ANEMURIUM (*Anamùr*, *Scalemurà*).

5869. AYT. KAI. M. IOY. ΦIΛIΠΠON. Buste lauré et drapé de Philippe Iᵉʳ, à dr. ℞. ANEMOYPIEΩN. La Fortune dans un temple distyle. Æ⁷ B. 25 fr.

5870. Légende effacée. Buste de Valérien père, à dr. ℞. ANEMOYPIEΩN. Diane-*Alphoae* entourée de bandelettes, debout, de face ; à ses pieds, un chien. Æ⁷ 8 fr.

5871. AY. K. Π. Λ. OYAΛEPIANOC. Même buste. ℞. ANEMOYPIEΩN. ET. B. en quatre lignes dans une couronne. Æ⁷ 10 fr.

ANTIOCHIA *ad Sarum quae et* ADANA (*Edene*, *Adana*).

5872. Tête voilée de femme, à dr. ℞. AΔANEΩN. Cheval allant à g. ; dans le champ, AΣ. Æ⁴ 6 et 10 fr.

5872 *bis*. AY. KAI. ΠOY. ΛIK. OYAΛEPIANOC. CEB. Buste lauré et cuirassé de Valérien père, à droite ℞. ΛΔPIANΩN. AΔANEΩN. Jupiter à moitié nu, assis à g., tenant haste et patère. Æ¹⁰ B. 50 fr.

5873. AYT. KAIC. ΠO. ΛIK. ΓAΛΛIHNOC. CEB. Tête laurée de Gallien, à dr. ℞. AΔΛNEΩN. Jupiter debout, à g., tenant la haste et une patère. Æ¹⁰ B. 30 fr.

ARGOS.

5874. KOPNE........ Buste de Salonine, à droite. ℞. APΓEIMN. Aigle éployé de face. Æ⁴ F. 3 fr.

AUGUSTA.

5875. Tête de Livie ou de Julie (?), à dr. ℞. AYΓOYC-TANΩN. Capricorne, à droite ; au-dessus, un astre. Æ⁴ B. 30 fr.

CELENDERIS (*Kelnar*).

5876. Bouc se couchant, à dr. ℞. Aire en creux, divisée en quatre parties égales. Æ⁴ B. 40 fr.

5877. Homme nu courant à cheval, à dr. ℞. Même creux divisé. Æ⁴ B. 50 fr.

5878. Antiochus IV, roi de Commagène. BAΣIΛEYΣ. AN-TIOXOΣ. Tête diadémée d'Antiochus IV, à dr. ℞. KE-

ΛΕΝΔΕ... Apollon nu debout, à gauche, appuyé sur un cippe ; dans le champ, N. ΑΣ. Æ⁶ 30 fr.

CORYCUS (*Korcum, Korcu, Korigos*).

5879. Tête de femme tourelée, à dr. ℞. ΚΩPYKIΩ... Mercure debout, à g., tenant une patère et le caducée ; dans le champ, ΕΥ. ΕΙΙΙ. ΕΡ. Æ⁵ 15 fr.

HIEROPOLIS.

5880. Tête voilée et tourelée de femme, à dr. ℞. ΤΩΝ. ΙΙΡΟΣ. ΤΩ. ΙΙΥΡΑΜΩ. Fleuve à mi-corps, nageant à dr., un oiseau posé sur la main droite. ℞⁵ 15 fr.

5880 *bis*. ΑΥΤ. ΚΙΜ. ΑΥ. ΑΝΤ. ΚΟΜΜΟΔΟC ΕΥ. ΤΥΚΗ Buste lauré et drapé de Commode, à dr. ℞. ΙΕΡΟΠΟΛΕΙΤΩΝ. ΤΩ. ΠΡΟC. ΤΩ. ΙΙΥΡΑΜΟΥ. L'empereur debout, à g., recevant une couronne d'une province placée devant lui. Æ¹² 70 fr.

IRENOPOLIS.

5880 *ter*. ΑΥΤΟΚΡΑΤΟΡ. ΚΑΙCΑΡ. ΔΟΜΙΤΙΑΝΟC. Tête laurée de Domitien, à droite. ℞. ΙΡΗΝΟΠΟΛΕΙΤΩΝ ΕΤ. Μ. Β. (an 42). Hygiée debout, à dr., tenant de la droite une branche. Æ⁶ 20 fr.

5880 *quat*. ΑΥΤ. Κ. Π. ΛΙΚ. ΟΥΑΛΕΡΙΑΝΟC CEB. Buste radié et cuirassé de Valérien père, à dr. ℞. ΙΡΕΝΟΠΟΛΕΙΤΩΝ ΛC. (an 204). Esculape et Hygiée debout ; à l'exergue Η. Æ⁸ B. 50 fr.

MALLUS.

5881. Tête casquée de Vénus, de face, avec un collier orné de *phallus*. ℞. Bacchus indien assis, à g., tenant de la droite un thyrse ; devant lui épi et grappe de raisin ; derrière, une feuille de lierre. ℞⁶ 50 fr. et B. 100 fr.

MOPSUS, MOPSUESTIA (*Messis*).

5882. ΚΑΙ..... Tête laurée de Commode jeune, à droite. ℞. ΜΟΨΕΑΤΩΝ et trois monogr. dans une couronne de laurier. Æ⁷ 25 fr.

NAGIDUS.

5883. Alexandre le Grand. Type du n° 2780. Devant le Jupiter, N ; sous le siège, Σ. ℞⁴ 5 fr.

OLBA, AJAX SUMMUS SACERDOS.

5884. Tête laurée d'Auguste, à droite. ℞. ΑΡΧΙΕΡΕΩΣ. ΑΙΑΝΤΟΣ. ΤΕΥΚΡΟΥ. ΤΟΠΑΡΧΟΥ..... Foudre.
Æ⁵ 50 fr.

SELEUCIA AD CALICADNUM (*Selefke*).

5885. ΣΙΜ. Tête d'Apollon, à dr. ℞. ΣΕΛΕΥΚΕΩΝ, etc.... Partie antérieure d'un cheval, courant à dr. Æ⁴ F. 2 fr.

5886. E. ΠΑ en monogr. Tête de Pallas, à dr. ℞. ΣΕΛΕΥ-ΚΕΩΝ. ΤΩΝ. ΠΡΟΣ. ΤΩΝ. ΚΑΛΥΚΑΔΝΟΝ.Victoire, à g., tenant une couronne ; dans le champ, ΠΛ et ΑΓ en monogramme. Æ⁶ TB. 15 fr.

5887. ΑΥΤ. ΚΑΙCΑΡ. ΑΔΡΙΑ. ΑΝΤΩ.. Tête laurée d'Antonin, à dr. ℞......... ΑΥCΑΔΝ...... Buste de Pallas, à dr. Æ⁶ 10 fr.

5888. ΑΥ. Κ. CΕΠ. CΕΟΥΗΡΟC. Buste lauré de Septime Sévère, à dr. ℞. CΕΛΕΥΚΕΩΝ. ΤΩΝ. ΠΡΟC. ΚΑΛΥ-ΔΙΑΝΟ. La Fortune debout, à g. Æ⁵ 6 fr.

5889. ΙΟΥΛΙΑ. ΜΑΜΕΑ. CΕΒΑ... Buste de Mamée, à dr.; un Δ en contre-marque sur le cou. ℞. CΕΛΕΥΚΕΩΝ. ΤΩΝ. ΠΡΟC. ΤΩ. ΚΑΛΥΚΑΔΝΩ. ΕΛΕΥΘΕΡΑC. Femme debout, à dr., tenant un pavot de la gauche. Æ⁹ 15 fr.

5890. ΑΝΤΩΝΙΟC. ΓΟΡΔΙΑΝΟC. CΕΒΑ. Buste lauré et drapé de Gordien III, à dr., avec la même contre-marque. ℞. CΕΛΕΥΚΕΩΝ. ΤΩΝ. ΠΡΟC. ΤΩ. Κ. ΚΑΛΥΚΑΔΝΩ. Femme debout, à dr., tenant un pavot de la g. Æ¹⁰ 10 f.

5891. Μ. ΑΝΤΩΝΙΟC. ΓΟΡΔΙΑΝΟC. CΕ. ΚΑΙ. CΑΒΝΙΑ. ΤΡΑΝΚΥΛΛΙΝΑΝ. CΕΒ. Bustes affrontés de Gordien III et Tranquilline, à dr. ; celui de Gordien radié et contremarqué. ℞. CΕΛΕΥΚΕΩΝ. ΤΩ. ΠΡΟC. ΤΩ. ΚΑΛΥ-ΚΑΔΝΩ. ΕΛΕΥΘΕΡΑC. Deux têtes affrontées ; celle de droite avec le modius, et derrière une corne d'abondance ; celle de gauche laurée, et derrière une branche de laurier. Æ¹⁰ TB. 400 fr.

5892. La même ; légende à moitié effacée. Æ¹⁰ F. 15 fr.

5893. .... ΙΙ. Λ. Κ. ΓΑΛΛΙΗΝΟC. Buste lauré de Gallien, à dr. ℞. CΕΛΕΥΚΕΩΝ. ΚΑΛΥΚΑΔΝ. Pallas armée, à dr., frappant un captif. Æ⁷ 6 fr.

5894. Même buste radié. ℞. CΕΛΕΥΚΕΩΝ. ΤΩΝ. ΙΙ. ΚΑΛ‑

ΛΙΚΑΔΝΟ. Victoire tenant une couronne et allant à g.
Æ⁹   8 fr.

SOLI SOLOPOLIS POMPEIOPOLIS (*Lamuzo*).

SOLI.

5895. Alexandre le Grand. Type du n° 2780. Σ sous le siége
de Jupiter.   Æ⁷   15 fr.

SOLOPOLIS.

5895 *bis*. Tête nue du gr. Pompée, à dr. ℞. ....ΠΟΛΕΙ...
Victoire tenant palme et couronne allant à dr.   Æ⁵   30 f.

SYEDRA.

5896. ...... ΩΝΕΙΝΟC. Buste lauré et drapé de Marc
Aurèle, à dr. ℞. CIEΔΡΕΩΝ. La Fortune debout, à g.
Æ⁵   8 fr.

TARSUS (*Tarsus, Tersine, Tarso*).

5897. Tête voilée et tourelée de femme, à dr. ℞. ΤΑΡΣΕΩΝ.
Tombeau de Sardanapale surmonté d'un aigle éployé ;
dans le champ, A. HP. AP en monogr. Æ⁵ 4 f. et TB. 12 f.
5898. La même ; AP. AP. et Δ.   Æ⁵   2 fr.
5899. Autre, ΤΑΡΣΕΩΝ. ΜΗΤΡΟΠΟΛΕΩC.   Æ⁵   2 fr.
5900. ΤΑΡCΟΥ. ΜΗΤΡΟΠΟΛΕ. Même tête. ℞. ΚΟΙΝΟC.
ΚΙΛΙC. Temple *décastyle* : dans le ch., A.   Æ⁴   6 fr.
5901. Tête tourelée de femme, à dr. ℞. ΤΑΡΣΕΩΝ. Figure
debout sur un quadrupède allant à dr.   Æ³   3 fr.
5902. ΤΑΡΣΕΩΝ. Jupiter assis, à g. ℞. Massue avec bandelettes au milieu d'une couronne ; dans le champ,
ΦΙΛΙΜ (?) et ΤΕΚ (?) en monogr.   Æ⁴ B. 4 fr.
5903. La même.   Æ³   1 fr.
5903 *bis*. ΑΔΡΙΑΝΙΙC ΤΑΡΣΕΩΝ. Tête barbue d'Hercule ;
la massue sur l'épaule. ℞. ΜΗΤΡΟΠΟΛΕΩC. Figure
nue debout, à g., tenant de la droite la Fortune, de la
gauche la harpe, à ses pieds un fleuve nageant ; dans le
champ, ΒΟΗΘΟΥ.   Æ⁷   30 fr.
5904. ΤΙΒΕΡΙΟC. ΚΛΑΥΔΙ. Tête laurée de Claude Iᵉʳ, à
dr. ℞. ΤΑΡΣΕΩΝ. Femme tourelée assise sur un rocher,
à dr., tenant de la droite une palme ; devant, ΒΠ.
Æ⁷ B.   30 fr.

5904 *bis*. ΑΥΤ. ΚΑΙΣ. ΝΕΡ. ΤΡΑΙΑΝΟC. ΣΕΒ. ΓΔΡ....

Tête laurée de Trajan, à dr. ℞- .... IIAT. E. II II
MHTPOΠOΛEΩΣ. Femme voilée assise, à dr., sur des
rochers, tenant une palme; à ses pieds, un fleuve nageant; dans le champ, TAP en monogr.   AR⁷ 50 fr.

5905. ΛΔPIANOC. TAPCOY. ΛΔPIANOC. CEBACTOC.
Tête laurée d'Hadrien, à droite. ℞. ...... TAPΣEΩN.
MHTPOΠOΛEΩC. Figure nue, assise à g., tenant de la
droite une couronne, le coude gauche appuyé sur un siége.
$Æ^8$ B. 60 fr.

5906. Légende effacée, buste lauré et drapé d'Antonin, à
dr. ℞. ΛΔPIANΩN. TAPΣEΩN. MHTPOΠOΛ. Temple
décastyle ; sur le fronton, KOINΩN. KIΛIKIAC.
$Æ^8$ F. 3 fr.

5907. AYT. KAI. Λ. CEΠ. CEY...... Buste lauré, drapé
et cuirassé de Septime Sévère, à dr. ℞. ΛΔPIANHC.
CEYHPIANHC. TAPCOY..... L'empereur courant à
cheval, à droite, lançant un javelot sur un lion.
$Æ^{11}$ F. 8 fr.

5908. IOYΛIA. MAICAN. CEBACT... Buste de Maesa, à
dr. ℞. TAPCOY. THC. MHTPOΠOΛE. A. M. K. Г. Δ.
L'empereur et sa mère debout se donnant la main.
$Æ^8$ 20 fr.

5909. AY. K. M. ANT. ГOPΔIANO. CE. Buste radié et drapé
de Gordien III, à dr. ; dans le champ, Π. II. ℞. TAPCOY.
MHTPOΠOΛEΩC. Le Soleil debout, à g. ; dans le ch.,
A. M. K. Г. B. $Æ^{11}$ 10 fr.

5910. Même buste. ℞. Même légende. Diane chasseresse
allant à droite et se retournant. $Æ^{11}$ 6 fr.

5911. Même buste. ℞. Même légende. La Fortune debout,
à gauche. $Æ^{11}$ 6 fr.

5912. Même buste. ℞. Même légende. Gordien et Tranquilline debout, se donnant la main. $Æ^{11}$ 6 et 10 fr.

5913. Même buste, sans les deux Π. ℞. EΠΙ.... TAPCOY.
Esculape et Hygiée debout. $Æ^{11}$ 10 fr.

5914. Même légende, avec les deux Π. Même buste radié
de Gordien III, armé d'un bouclier et d'une lance. ℞.
Même légende. Lion dévorant un taureau.
$Æ^{11}$ B. 20 fr.

5915. Même légende. Buste lauré et drapé de Gordien III, à dr. ℞. Même légende. L'empereur debout, à g., tenant la haste et la Victoire.   Æ⁹   6 fr.

5916. CABIN. TPANKYΛΛEINNAN. C. Buste de Tranquilline, à dr., sur un croissant ; dans le champ, II. Π. ℞. Même légende. Femme tourelée assise, à g., sur un rocher ; devant elle un fleuve nageant.   Æ⁹   40 fr.

5917. ANNIAN. ΛITPOYKIΛΛAN. Buste d'Étruscille, à dr. ℞. Même légende. Bacchus debout, à g.; à ses pieds la panthère.   Æ⁸ F.   2 fr.

5918. AY. KE. Γ. OYI. AΦE. ΓAΛ. OYOΛOCIANOC. Buste lauré et drapé de Volusien, à dr. ℞. Même légende. Victoire debout, allant à g.   Æ⁷ F.   3 fr.

SATRAPES DE TARSUS.

5919. Baal-Tars à demi nu, assis à g., la droite sur un sceptre, la gauche sur son siége. ℞. Lion marchant, à g.; au-dessus, *pentagone*. (Tétradrachme.)   Ⓡ⁵   20 fr.

5920. La même ; fourrée.   Ⓡ⁵   10 fr.

5921. La même ; Γ au-dessus du lion.   Ⓡ⁵   15 et 25 fr.

5922. Autre, Δ au-dessus du lion. (Fourrée.)   Ⓡ³   15 fr.

5923. Autre, Λ.   Ⓡ⁵   20 fr.

5923 *bis*. Autre, fer de lance au-dessus du lion.   Ⓡ⁵   15 fr.

Ces six pièces sont classées, par M. le duc de Luynes, à Tarsus. sous l'empire des Séleucides. (Voir pl. IX.)

DERNES ET SIENNESIS (*Satrapes*).

5924. Légende palmyrénienne. Apollon debout, à g., tenant un arc et une branche de laurier. ℞. Minerve debout, à g., tenant, sur la dr., une chouette de profil, au repos ayant la tête de face ; la gauche sur son bouclier ; dans le champ, devant, une grenade.   Ⓡ⁵ B.   350 fr.

M. le duc Luynes, pl. III, n° 2, décrit cette pièce avec la chouette éployée ; mais l'exemplaire du Cabinet impérial sur lequel il avait pris son dessin est assez fruste, et le nôtre, qui est très-net, ne laisse aucun doute sur la pose de la chouette.

DERNES *seul*.

5924 *bis*. Buste barbu et casqué de Dernès, à g. ℞. Baal-Tars, à demi nu, assise à g.   Ⓡ²   20 fr.

GAOS (*Satrape*).

5925. Légende phénicienne. Lion dévorant un taureau, à g. ℞. Baal-Tars à demi nu, assis à g., tenant la haste et l'aigle; derrière lui légende phénicienne. (Duc de Luynes, pl. IV, n° 6.) Æ⁶ 40 fr. et B. 100 fr.

ELAEUSA *Insula*, SEBASTE (*la Piccola Isola di Corco*).

5926. OE. Tête de Jupiter, à dr. ℞. ΕΛΑΙΟΥΣΙΩΝ. Victoire, à g., tenant une couronne. Æ⁵ B. 20 fr.

CYPRUS INSULA (*Kipri, Cipri, Cipro*).

5927. IMP. CAESAR. DIVI. F. Tête d'Auguste nue, à dr. ℞. A. PLAVTIVS PROCOS. Temple; au milieu le simulacre de Vénus-*Paphia*. Æ³ 3 fr. et B. 10 fr.
5928. Même tête. ℞. ... ...S. PROCOS. Jupiter debout, à g., tenant une patère et l'aigle. Æ³ 10 fr.
5929. ΑΥΤΟΚΡΑΤΩΡ. ΟΥΕϹΠΑϹΙΑΝΟϹ. ΚΑΙϹΑΡ. Tête laurée de Vespasien, à g. ℞. ΕΤΟΥϹ. ΝΕΟΥ. ΙΕΡΟΥ. Θ (an 9). Jupiter debout, vu de face; de la droite une patère, la g. sur un sceptre, aigle au-dessus. Æ⁶ B. 30 fr.
5930. La même, H. (an 8.) Æ⁶ 20 fr.
5931. ΔΟΜΙΤΙΑΝΟϹ ΚΑΙϹΑΡ. Tête laurée de Domitien, à dr. ℞. Même légende et même type, Θ. (an 9.) Æ³ 15 f.
5932. Légende à moitié effacée. Buste drapé de Trajan, à dr. ℞. Légende effacée. Temple du n° 1937. Æ⁷ 4 fr.
5933. M. ΑΝΤΩΝΕΙΝΟϹ ΑΥΓΟΥϹΤΟϹ. Tête laurée de Caracalla, à dr. ℞. ΚΟΙΝΩΝ. ΚΥΠΡΙΩΝ. Même temple; devant, un bassin avec des poissons sacrés. Æ⁹ B. 40 fr.

PAPHOS.

5934. Tête d'un Ptolémée (II ou III), à dr. ℞. ΠΤΟΛΕΜΑΙΟΥ ΒΑΣΙΛΕΩΣ. Aigle, à g.; dans le champ, LB. an 2. ΠΑ. Æ⁸ B. 10 fr.

Voir les rois d'Égypte pour les autres pièces frappées en Chypre.

REGES CYPRI.

EVAGORAS (*vers 350 av. J. C.*).

5934 *bis*. Lion, march. à g.; au-dessus, une tête de bélier.

B'. Cheval allant à gauche, au-dessus, une étoile; devant, symbole ou monogr. (Duc de Luynes, *Numismatique cypriote*, pl. V, nº 12.) Æ⁴ 3 et 5 fr.

5935. Lion couché, à g. B'. Cheval paissant, à g. (*Id.*, pl. V, nº 13). Æ² 5 et B. 10 fr.

LYDIA.

ACRASUS.

5936. Tête barbue d'Hercule, à droite. B'. AKPACIΩTΩN. Lion allant à droite. ᶜᵃ³ TB. 12 fr.

5937. Buste casqué et cuirassé de Pallas, à dr. B'. Même légende et même type. Æ² 6 fr.

5938. AYT. CEII. CEOYHPOC. Tête laurée de Septime Sévère, à dr. B'. AKPACIΩTΩN. Esculape debout, à dr. Æ⁴ 4 fr.

5939. AYT... I. A. CEII. COYHPOC. IIEP. Même buste lauré et drapé, à dr. B'. EIII. CTP. .....HMOY. Diane d'Ephèse dans un bige de cerfs; à l'exergue, AKPACIΩ-TΩN. Æ¹³ 30 fr.

ASIA.

5940. Alexandre le Grand. Type du nº 2780; devant le Jupiter, AΣ et IH. Æ⁸ 20 et 30 fr.

ATTALIA.

5941. Buste casqué et cuirassé de Pallas, à dr. B'. ATTA-ΛEATΩN. La Fortune debout, à g. Æ⁴ B. 12 fr.

5942. Buste de bacchante, à dr. B'. ATTAΛEATΩN. Faune à g., tenant le *pedum* et une grappe de raisin. Æ⁴ 4 fr.

BAGAE.

5943. Buste de Sérapis, à dr. B'. BAΓHNΩN. Femme debout, à g., tenant de la droite une couronne, de la gauche un vase. Æ⁴ B. 15 fr.

BLAUNDOS.

5944. Tête de Jupiter, à dr. B'. BΛAYNΔE. Aigle éployé de face; à l'exergue, AIIOΛΛONI. ΘEOΓEN; dans le champ, palme et caducée. Æ⁵ B. 8 fr.

5945. Tête laurée de femme, à dr. B'. BΛAYN. Arc et carquois, ΞIE et TIM en monogr. Æ⁴ B. 4 fr.

5946. Tête de Jupiter, à dr. ℞. BAAYNΔEΩN. Mercure debout, à g.; devant, monogr. Le tout dans une couronne de laurier. Æ⁴ B. 5 fr.

5947. ΔHMOC. BAAYNΔEΩN. Tête nue du Peuple. ℞. EΠI. KA. BAAEPIANOY. La Fortune deb., à g. Æ⁷ B. 10 fr.

5948. IEPA. CYNKΛHTOC. Buste du Sénat, à droite. ℞. BAAYNΔEΩN. MA. Jupiter (?) debout, sacrifiant sur un autel, à g. Æ⁵ 5 fr.

5949. AY. K. M. AYP. ANTΩNEIN. Buste lauré et drapé de Caracalla, à dr. ℞. EΠI. TI. KA. AΛEΞANΔPOY. AP. A. TB. B. BAAYNΔEΩN. MAKE. Hercule, à dr., assommant le lion de Némée. Æ⁹ B. 30 fr.

5950. A. K. OYOΛOYCIANO. Buste lauré et drapé de Volusien, à dr. ℞. CTP. AY. ΠAΠI. IA. E. BAAYNΔEΩN. MA. Amazone à cheval, allant à dr. Æ⁸ B. 15 fr.

DALDIS.

5951. AYT. K. M. ANT. ΓOPΔIANOC. Buste lauré et drapé de Gordien III, à dr. ℞. EΠI. A. AYP. HΦAICTIΩNOC APX. A. T. B. ΔAΛΔIANΩN. Trois figures couchées près d'un arbre; derrière un génie ailé et un homme marchant; devant Apollon-*Citharoede* dans un temple et un cheval se retournant. Æ¹³ 100 fr.

GORDUS-JULIA (Gordu).

5952. IOYΛI. ΓOPΔOC. Buste tourelé et drapé de femme. ℞. IOYΛI. ΓOPΔHNΩN. Diane d'Éphèse avec ses supports. Æ³ 5 fr.

5952 *bis.* IOYΛIA CEBACTH. Buste de Julia Domna, à dr. ℞. ΓOPΔHNΩN. IOYΛIEΩN. Fleuve couché, à gauche. Æ⁵ B. 30 fr.

HERMOCAPELIA.

5953. IEPA. CYNKΛHTOC. Buste du Sénat, à droite. ℞. . .MOKAΠH. . . Buste tourelé de femme, à dr. Æ³ 6 fr.

5954. La même; EPMOKAΠHA. . . ANTANΔP (?) en monogramme; devant, la tête tourelée. Æ³ B. 8 fr.

HYPAEPA (Pyrga, Birge).

5955. YΠAIΠA. Buste tourelé de femme, à dr. ℞. YΠAI-

22

ΠΙΝΩΝ. Temple *tétrastyle* ; au milieu un autel en forme
de cône, allumé.   Æ³ B.   10 fr.

5955 *bis*. A. CEB. ΓETAC. Buste drapé de Géta, césar, à
droite. R'. ΥΠΑΠΗΕΝΩΝ. Esculape debout, à droite.
                                           Æ³ B.   12 fr.

5956. AΥT. K. TPAIANOC. ΔΕΚΙΟC. Buste lauré et drapé
de Trajan Dèce, à dr. R'. ΥΠΑΠΗΗΝΩΝ. ΕΠΙ. CTP. ΦΑ.
EPMOΛAOY. ΝΕΙΚΩ. Junon-*Pronuba* debout dans un
temple *hexastyle*.   Æ⁸ B.   40 fr.

<h3 style="text-align:center">HYRCANIA.</h3>

5957. Tête barbue d'Hercule, à dr. R'. ΥPKANΩN. Télesphore debout, de face.   Æ³   4 fr.

5958. ΥPKANIC. Buste tourelé de femme, à dr. R'. ΥPKA-
NΩN. La Fortune debout, à g.   Æ³ B.   8 fr.

<h3 style="text-align:center">MAGNESIA ad SIPYLUM (Manassie).</h3>

5959. Tête barbue d'Hercule, à dr. R'. MAΓNHTΩN. ΣΙΠΥ.
Minerve debout, à g.   Æ⁶   4 fr.

5960. MAΓNHTΩN. CΙΠΥΛΟΥ. Même tête. R'. EPMOC.
L'hermus couché, à g.   Æ³ B.   8 fr.

5961. MAΓNHCIA. Buste tourelé de femme, à droite. R'.
CΙΠΥΛΟΥ. La Fortune debout, à g.   Æ⁴   5 fr.

5962. M. OYA. CEBHPA. CEB. Buste d'Otacille, sur un
croissant. R'. MAΓNHTΩN. CΙΠΥ. Cybèle, assise à g.; à
ses pieds, un lion.   Æ⁷   6 fr.

5963. AY. K. Γ. M. K. TPAIANOC. ΔΕΚΙΟC. Buste radié
et drapé de Trajan Dèce, à droite. R'. ΕΠΙ. CTP. AY.
APTEMIΔ. MAΓNHTΩN CΙΠΥΛΟΥ. Victoire cour. un trophée ; au pied, un captif le genou en terre.   Æ⁹   15 fr.

<h3 style="text-align:center">NACRASA.</h3>

5964. Tête nue et barbue, à g. R'. NAKP.... Serpent.
                                           Æ⁴ F.   4 fr.

5965. IEPA. CYNKΛHTON. Buste du Sénat, à droite. R'.
NAKPACΙΤΩN. Diane d'Éphèse, de face, entre deux
cerfs.   Æ⁵   10 fr.

<h3 style="text-align:center">PHILADELPHIA (Ala-Chiehere).</h3>

5966. Bouclier macédonien. R'. ΦΙΛΛΔΕΛΦΕΩΝ. Foudre ;

dans le champ, ΔΙ. Le tout dans une couronne. Æ³ 2 fr.

5967. La même, avec ME en monogr. Æ³ 2 fr.

5968. Autre, avec ΜΗΤΡ en monogr. Æ³ 2 fr.

5969. Tête barbue et diadémée, à dr. ℞. ΦΙΛΑΔΕΛΦΕΩΝ. Lyre dans une couronne. Æ⁴ 1 et 2 fr.

5970. Tête de Diane, à dr. ℞. ΦΙΛΑΔΕΛΦΕΩΝ ΕΡΜΙΠΠΙΟΣ ΑΡΧΙΕΡΕΥΣ. Apollon debout, à dr., tenant la lyre et le *plectrum*. Æ⁴ 4 fr. et TB. 15 fr.

5971. ΦΛ. ΦΙΛΑΔΕΩΦΕΩΝ. Buste tourelé de femme, à dr. ℞. ΝΕΩΚΟΡΟC. Esculape debout. Æ⁴ 4 fr.

5972. ΦΙΛΑΔΕΛ... Même buste. ℞. ΕΠΙ. ΔΟΚΙΜΟΥ. Bacchus debout, à g.; à ses pieds, la panthère. Æ⁵ 2 fr.

5973. ΔΗΜΟC. Tête diadémée du Peuple. ΦΛ. ΦΙΛΑΔΕΛΦΕΩΝ. ΝΕΩΚΟΡΩΝ. Diane chasseresse, à dr. Æ⁶ B. 6 fr.

5974. Même tête. ℞. Même légende. Lion à dr. Æ⁶ 3 fr.

5975. ΠΛΩΤΕΙΝΑ. CΕΒΑCΤΗ. Buste de Plotine, à dr. ℞. ..ΛΑΔΕΛΦΕ.. Figure debout, à dr., la droite sur la haste. Æ⁴ 25 fr.

5576. ΙΟΥΛΙΑ. CΕΒΑC. Buste de Domna, à dr. ℞. ΦΙΛΑΔΕΛΦΕΩΝ. Télesphore debout. Æ⁴ 10 fr.

SAETTENI.

5977. ΔΗΜΟC. Tête imberbe du Peuple, à dr. ℞. CAITΘΗΝΩΝ. Hercule debout, à dr. Æ⁴ 6 fr. et TB. 12 fr.

5977 *bis.* Buste lauré et légèrement barbu, à droite. ℞. CAITΘΗΝΩΝ. Même type. Æ⁵ B. 10 fr.

5978. ΙΕΡΑ. CΥΝΚΛΗΤΟC. Buste du Sénat, à droite. ℞. CAITΘΗΝΩΝ. Pallas debout, à g. Æ⁶ F. 3 fr.

5978 *bis.* ΑΥ. Κ. Λ. CΕ. CΕΟΥΗΡΟC. ΠΕ. Tête laurée de Septime Sévère. ℞. CAITΘΗΝΩΝ. Hercule, allant à g., se retournant. Æ⁴ B. 10 fr.

SARDES (*Sart, Sard, Sarde*).

5979. Têtes de lion et de taureau affrontées. ℞. Carré creux long divisé en 2 parties. Æ⁴ 20 fr. et TB. 30 fr.

Cette médaille a été attribuée par Mionnet, etc., à Samos. Mais le colonel Leake, *Suppl.*, p. 86, l'a restituée à Sardes, de Lydie. On l'attribue aussi souvent à Crésus, roi du même pays, et sa fabrication, très-ancienne, nous paraît contemporaine de ce souverain. Voir également ment in dernière brochure du général **Fox**, pl. VII, nᵒ 150. Il classe cette pièce aux rois de Lydie.

5979 *bis*. Alexandre le Grand. Type du nᵒ 2780. La tête contre-marquée d'un arc et carquois, et le mot ΣAP.
AR^9 20 fr.

5980. Tête laurée et imberbe d'Hercule, à d'. ℞. ΣΑΡΔΙΑ-ΝΩΝ. Apollon debout, à g.; tenant de la droite un oiseau, de la gauche une branche de laurier; le tout dans une couronne; dans le ch., ΠΑΤΡΩ. Æ⁴ 50 c. et **1 fr.**

5980 *bis*. La même ; ΜΑΝΕΦ. en monogr. Æ³ **2 fr.**

5981. Autre, avec ΣΩΚΡΑ en 2 lignes. Æ³ **2 fr.**

5982. Autre, ΣΑΡΔΙΑΝΩΝ. ΔΗΜΟΦΩΝ. Æ³ **3 fr.**

5983. Autre, ΣΑΡΔΙΑΝΩΝ. ΑΥΣΑΝΝΟΚΛΕ. ΕΧ. ΧΕ (?) en trois lignes. Æ³ **3 fr.**

5984. Buste tourelé et voilé de femme, à dr. ℞. ΣΑΡΔΙΑ-ΝΩΝ. Jupiter Lydien debout, à g. Æ⁵ **3 fr.**

5985. Tête de Bacchus jeune, à dr. ℞. ΣΑΡΔΙΑΝΩΝ. Panthère, à g., brisant une lance dans sa gueule ; devant, Θ ; dessous, ΜΑΡ. en monogr. Æ⁴ **3 fr.** et B. **8 fr.**

5986. Tête laurée de femme, à dr. ℞. ΣΑΡΔΙΑΝΩΝ. Massue dans une couronne. Æ³ 50 c., **1 et 2 fr.**

5987. Tête d'Hercule jeune, à dr. ℞. ΣΑΡΔΙΑΝΩΝ. Lion marchant à dr.; au-dessus, une mouche. Æ⁴ B. **6 fr.**

5988. CAPΔIC. Buste tourelé de femme, à dr. ℞. CAP-ΔΙΑΝΩΝ. B. ΝΕΩΚΟΡΩΝ. Simulacre de Proserpine entre un pavot et un épi. Æ⁴ **2 et 4 fr.**

5989. ΙΕΡΑ. CYNKΛΗΤΟC. Buste du Sénat, à droite. ℞. CAPΔIANΩN. B. NEOKOPΩN. La Fortune debout, à g. Æ⁶ **3 fr.**

5989 *bis*. Lég. effacée. Buste de Sévère Alexandre, à dr. ℞. ......CAPΔIA...... Temple de Vénus-*Paphia*. Æ⁷ F. **2 fr.**

SILANDUS.

5990. CIΛΑΝΔΕΩΝ. Buste tourelé de femme, à dr. ℞. ΕΠ. ΔΙΑΦΑΝΟΝΑ. ΑΡΧ. Lion, à dr. Æ⁴ **8 fr.**

5990 *bis*. Tête d'Hercule jeune, à dr. CIΛΑΝΔΕΩΝ. Lion allant à dr. Æ³ **4 fr.**

5990 *ter*. Tête barbue d'Hercule, à dr. ℞. Le même. Æ³ **4 fr.**

5991. NE. KAI. ZEYC. EΛEYΘEPIOC. Tête laurée de Néron, à dr. ℞. ΕΠ. Γ. ΙΟΥ. ΠΟΛΙΑΥΝΟΥ. CI. L'empereur
à cheval allant à dr. Æ⁵ TB. 30 fr.

5991 bis. AYT. KAI. Λ. AYPH. KOMOΔOC. Buste lauré et
drapé de Commode, à dr. ℞. ΕΠΙ. ΑΡΧΙΕΡΕΩC ΤΙΤΙΑ-
NOY. CIΛΑΝΔΕΩΝ. K. ΛΡΧ. L'empereur dans un bige
allant au pas, à dr.; une Victoire le couronne. Æ¹³ 20 fr.

Ce curieux médaillon a été limé du côté de la tête, et la figure
de l'empereur a disparu sous cette mutilation barbare.

TEMENOTHYRAE.

5992. ΕΠΙ. ΛΟΥΚΙ. ΤΥΛ. Tête barbue et diadémée, à dr.
℞. THMENOΘYPEΩN. Minerve debout, à dr., tenant de
la droite la haste ; la gauche sur le bouclier. Æ⁵ 10 fr.

5993. K. ΠΟ. KOP. BAΛEPIANOC. Buste lauré de Valérien père, à dr. ℞. KΛEOBOYΛOC. THMENOΘYPEICIN.
Hercule debout, la droite sur la massue, la dépouille du
lion sur le bras. Æ⁵ TB. 20 fr.

THYATIRA (Ak-Hyssar).

5994. Tête d'Apollon, à dr. ℞. ΘYATEIPHNΩN. Bipenne.
Æ⁴ 1 fr. et B. 3 fr.

5995. Tête barbue d'Hercule, à dr. ℞. Même type. Æ³ 3 fr.

5996. Buste de Pallas cuirassée, à dr. ℞. Même légende.
Pallas debout, à g., tenant la Victoire, la gauche sur un
bouclier. Æ⁴ 3 fr.

5997. Même buste. ℞. Même légende. La Fortune debout,
à g. Æ⁴ B. 3 fr.

5998. Tête de Bacchus, à dr. ℞. Même légende. Faune debout, à g., tenant le *pedum*. Æ⁴ B. 3 fr.

5999. BOPEITHNH. Buste de Diane, à g. ℞. ΘYATIPH-
NΩN. Aigle éployé de face. Æ⁵ 3 fr.

6000. NEPΩN KΛAY. KAICAP. ΓEP. Tête nue de Néron,
césar, à dr. ℞. ΘYATEIPHNΩN. Bipenne. Æ⁴ 2 fr.

6001. ANTΩNEINOC. Buste lauré et drapé de Caracalla,
à dr. ℞. Même légende. Pallas debout, à g., tenant la
haste et la Victoire. Æ⁵ B. 6 fr.

6002. AYT. KAI. M. AYP. ANTΩNEINOC. Buste lauré et
cuirassé d'Élagabale, à dr. ℞. ΕΠΙ. CTP. KΛ. CTPATO-
NEIKIANOY. ΘYATEIPHNΩN. L'empereur debout, sou-

22.

tenant avec une Amazone, une urne au-dessus de laquelle on lit ΠΥΘΙΑ ; à leurs pieds un autel allumé.

Æ¹³ 1/₂   46 fr. et TB. 150 fr.

6003. ΑΝΤΩΝΕΙΝΟC. Même buste. R. ΘΥΑΤΕΙΡΗΝΩΝ. Pallas debout, à g., tenant une patère ; la gauche sur le bouclier.   Æ¹ 2 fr.

6004. ΑΥΤ. Κ. CΕ. ΑΛΕΞΑΝΔΡΟC. Buste lauré et drapé de Sévère Alexandre, à dr. R. Même type.   Æ⁶ 3 fr.

6005. Même buste. R. Même légende ; la louve et les deux enfants, à dr.   Æ⁶ 2 fr.

TRALLES, SELEUCIA (*Sultan-Hyssar*).

6006. Ciste entr'ouvert d'où s'échappent deux serpents au milieu d'une couronne de lierre. R. ΤΡΑΛ. ΑΠΟΛ. Deux serpents enlacés autour d'un carquois ; dans le champ, à g., un caducée.   R⁷ 20 fr. et B. 30 fr.

6007. La même ; ΤΡΑΛ. ΠΤΟΛ., à g. Diane-*Lucifera* deb.   R⁷ B. 30 fr.

6008. Massue et la dépouille du lion au milieu d'une couronne de chêne. R. ΤΡΑΛ. Grappe de raisin avec les feuilles, à g.; dans le champ, une oie (?) tournée à dr. (1/4 de Cistophore.)   R⁴ B. 70 fr.

6009. Tête de Jupiter laurée, à dr. R. ΤΡΑΛΛΙΑΝΩΝ. Bison allant à g.   Æ³ 1 fr. et B. 4 fr.

6010. Même tête. R. ΤΡΑΛΛΙΑΝΩΝ. ΔΗΜΗΤΡΙΟΣ. Aigle éployé devant une tête de bœuf, à dr.   Æ⁵ B. 6 fr.

6011. ΚΑΙΣΑΡΕΩΝ. ΟΥΗΙΔΙΟΣ. Tête nue d'Octave, césar (?), à dr. R. ΜΕΝΑΝΔΡΟΣ. ΠΑΡΡΑΣΙΟΥ. Tête laurée de Jupiter, à dr.   Æ⁵ F. 3 fr.

PHRYGIA.

ACMONIA.

6012. Tête de Jupiter, à dr. R. ΑΚΜΟΝ. ΤΙΜΟΘΕ. ΕΜΕ. Esculape debout, de face.   Æ⁴ 3 fr.

6013. ΙΕΡΟC. ΔΗΜΟC. Tête imberbe du Peuple, à dr. R. ΑΚΜΟΝΕΩΝ. Hercule étouffant le lion, à dr. Æ⁶ F. 1 fr.

6014. ΝΕΡΩΝ ΚΑΙCΑΡ. CΕΒΑCΤΟΣ..... Tête laurée de Néron, à droite, entre un caducée et un croissant. R. CΕΡΟΥΗΝΙΟΥ. ΚΑΠΙΤΩΝΟC. ΚΑΙ. ΙΟΥΛΙΑC. CΕΟΥΗ-

PAC. AXMONEΩN. Jupiter assis, à g.; dans le champ,
ЕΙΙΙ. ΑΡΧ. Æ⁴ 6 fr.

6015. AYTOK. K. TPAIANOC. Tête laurée de Trajan, à
dr. ℞. ЕΙΙΙ. ΑΛΕΝΕΑΧΟΥ. ΑΚΜΟΝΕΩΝ. Victoire tenant une couronne, allant à droite. Æ³ B. 15 fr.

6016. ..... ΓΟΡΔΙΑΝΟC. Buste lauré et drapé de Gordien III, à dr. ℞. ΑΚΜΟΝΕΩΝ. Esculape debout, à g.
Æ⁸ 6 fr.

6017. Même buste. ℞. ΑΚΜΟΝΕΩΝ. Jupiter assis, à g.
Æ⁷ 6 fr.

6018. ΑΥΤ. ΚΑΙ. ΠΟΥ. ΛΙΚ. ΓΑΛΙΗΝΟC. Buste lauré et
drapé de Gallien, à dr. ℞. ΑΚΜΟΝΕΩΝ. Hercule Farnèse, à dr. Æ⁹ 10 fr. et B. 20 fr.

AEZANIS.

6019. ΔΗΜΟC. Tête barbue du Peuple, à dr. ℞. ΑΙΖΑ-
ΝΕΙΤΩΝ. Hygiée debout, à dr. Æ⁴ 3 fr. et B. 6 fr.
6020. Tête de Sérapis, à dr. ℞. ΑΙΖΑΝΙΤΩΝ. Isis debout,
à gauche. Æ³ 3 fr.
6021. ΙΕΡΑ. CΥΝΚΛΗΤΟC. Buste du Sénat, à dr. ℞.
ΑΙΖΑΝΕΙΤΩΝ. Le Soleil debout radié, à g. Æ⁸ 10 fr.
6022. ΘΕΟC. CΥΝΚΛΗΤΟC. Buste du Sénat, à dr. ℞.
ΑΙΖΑΝΕΙΤΩΝ. Buste de Diane, à dr. Æ⁴ B. 8 fr.
6023. ЕΙΙΙ. ΚΛΑCCΙΟΥ. ΓΕΡΜΑΝΙΚΟC. Tête radiée de
Germanicus, à dr. ℞. ΑΓΡΙΠΙΗΝΑ ΑΙΖΑΝΙΤΩΝ. Tête
d'Agrippine mère, à dr. Æ⁴ B. 20 fr.
6024. ΓΑΙΟC. ΚΑΙCΑΡ...... Tête radiée de Caligula, à
dr. ℞. ЕΙΙΙ. ΡΟΥΦΟΥ. ΦΛΑΚΚΟΥ. ΑΙΖΑΝΙΤΩΝ. Jupi-
ter-Aetophore debout, vu de face. Æ⁵ 6 fr.
6025. Γ. ΚΑΙC. CΕΒΑCΤΟC. ΓΕΡΜΑΝΙΚΟC. Tête laurée
de Caligula, à dr. ℞. .... ΑΙΖΑΝΙΤΩΝ. Buste d'A-
grippine mère, à dr. Æ⁴ 8 fr.
6026. ΚΛΑΥΔΙΩΝ. ΚΑΙCΑΡΑ. ΑΙΖΑΝΙΤΑΙ. Tête laurée de
Claude, à dr. ℞. ЕΙΙΙ. ΚΛΑΥΔΙΟΥ. ΙΕΡΑΚΟC. Jupiter-
Aetophore debout, à g. Æ⁵ 2 et 3 fr.
6027. Même tête. ℞. ЕΙΙΙ. CΩΚΡΑΤΟΥ. ΕΥΔΟΞΟΥ. ΑΙΖΑ-
ΝΙΤΩΝ. Jupiter debout, vêtu du *pallium*, à gauche.
Æ⁵ 2 fr. et TB. 12 fr.
6028. Même tête. ℞. ЕΙΙΙ. ΜΕΝΕΛΑΟΥ. ΔΗΜΟCΘΕΝΟΥC.
ΑΙΖΑΝΙΤΩΝ. Même type. Æ⁵ 2 et 3 fr.

6029. Même tête. R'. EΠI. ΠAYCANIOY. MENANΔPOY. Même type. Æ³ F. 1 fr.

6030. NEA. ΦAYCTEINA. Buste de Faustine jeune, à dr. R'. AIZANITΩN. Esculape debout. Æ⁵ 2 et 4 fr.

6031. ΦAYCTINA. CEBACTH. Même buste. R'. AIZANI-TΩN. Apollon debout, à g. Æ⁵ F. 1 fr. 50

6032. AY. KAI. KOMOΔOC. Tête laurée de Commode, à dr. R'. AIZANEITΩN. Diane d'Éphèse deb. Æ⁴ 3 fr.

ALIA.

6033. M. ANT. ΓOPΔIANOC. Buste radié de Gordien III, armé d'une lance, à g. R'. AAIHNΩN. Le dieu *Lunus* à cheval, allant à dr. Æ⁷ 25 fr.

6034. ...... ΓOPΔIANOC. Buste lauré et drapé de Gordien III, à dr. R'. AAIHNΩN. La Fortune debout, à g. Æ⁵ 30 fr.

AMORIUM (*Hergian, Amoria*).

6035. ΘEA. POMH. Buste casqué et cuirassé de la ville de Rome, à dr. R'. EΠI. ΓAIOY. APX. AMOPIANΩN. Deux mains jointes. Æ⁶ TB. 40 fr.

6036. IEPA. BOYAH. Tête jeune et laurée du Conseil, à dr. R'. AMOPIANΩN. Fleuve couché, à g., et se retournant à droite. Æ⁵ 8 fr.

6037. CEBACTOC. Tête nue d'Auguste, à dr. ; devant, *lituus*. R'. AAEΞANΔPOC. AMOPIANΩN. Aigle, à dr.; un caducée sur l'aile gauche. Æ⁵ B. 20 fr.

6038. ΠΛOTEINA. CEBACTH. Buste de Plotine, à dr. R'. AMOP...ΩN. Figure courant à cheval, à dr. Æ⁵ 50 fr.

6039. ΓETAC. AYΓOYCTOC. Buste de Géta, à droite. R'. AMOPIANΩN. Pallas debout, à g., tenant haste et patère. Æ⁶ 10 fr.

ANCYRA (*Augur*).

6039 *bis*. Buste de femme, à dr. ; devant, une branche de laurier. R'. ANKYPANΩN. Autel allumé. Æ³ 6 fr.

6040. ΘEON. CYNKΛHTΩN. Buste du Sénat, à droite. R'. BΔΣIΛAOY. AITHΣAM. OYOΛAΣENNA. ANKYPANΩN. Cippe. Æ³ 5 fr.

6041. IEPA. CYNKΛHTOC. Buste du Sénat, à droite. R'. ANKYPANΩN, en 3 lignes dans une couronne. Æ⁶ 6 et 8 fr.

6042. NEPΩN..... Tête nue de Néron, à dr. ℞. ......
. ΔOPOY. AΓKY.... Bacchus debout à g.   Æ³ 4 fr.
6043. ΦAYCTEINA. CEBACTH. Buste de Faustine jeune,
à dr. ℞. ANKYPANΩN. Diane d'Éphèse, de face, avec
ses supports.   Æ⁴ 2 fr. et B. 10 fr.

APAMEA (*Afiun-Kara-Hyssar*).

6044. Ciste entr'ouvert d'où s'échappe un serpent; le tout
dans une couronne. ℞. B. AΠA. KΩKOY. Deux serpents
enlacés autour d'un carquois; dans le ch., deux flûtes.
   Æ⁷ 20 B. 30 fr.
6044 *bis*. La même, AΠA. AΠOΛΛONIOY.
   Æ⁷ B. 20 fr. TB. 30 fr.
6044 *ter*. Autre, AΠA. ATTAΛOY. TIMΩ.
   Æ⁷ B. 20 fr. TB. 30 fr.
6045. Autre, AΠA. ΔIOΔOPOY.   Æ⁷ B.   30 fr.
6045 *bis*. Autre, AΠA. ΓYOY.   Æ⁷ B.   25 fr.
6045 *ter*. Autre, AΠA. MYTA.   Æ⁷ B. 25 fr. TB. 35 fr.
6045 *quater*. Autre, AΠA. ΣOKPATOY.
   Æ⁷ B. 25 fr. et TB. 35 fr.
6045 *quint*. AΠA. AIOTPEOYΣ.   Æ⁷ B.   40 fr.
6046. Tête de Jupiter, à dr. ℞. AΠAM. APTEM. ANΔPONI.
Junon-*Pronuba* debout, de face.   Æ⁵ 1 fr.
6046 *bis*. La même, AΠAM. BIANOY. MAN.   Æ⁵ B.   2 fr.
6047. Autre, AΠAM. ΔIOΔO....   Æ⁵ 2 fr.
6048. Autre, AΠAM. HPAKΛEI. EΓAO.   Æ⁵ 1 et 2 fr.
6049. Autre, AΠAM. TIMOKPA. ΣOAΩN.   Æ⁵ 1 fr.
6050. Buste casqué de Pallas, à dr. ℞. AΠAMEΩN. Aigle
éployé, à dr., sur le détour du *méandre*; dans le ch.,
astre et bonnets des Dioscures.   Æ⁶ 1 et 2 fr.
6051. La même; AΠAMEΩN. ANΔPONI...   Æ⁶ 1 fr.
6052. Autre, AΠAMEΩN. ATTAΛOY. BIANOPOΣ.
   Æ⁶ TB.   10 fr.
6053. Autre, AΠAMEΩN. KΩKOY.   Æ⁶ 2 fr. et B. 6 fr.
6054. Autre, AΠAMEΩN ΦAINIΠΠOY.   Æ⁶ 2 fr.
6055. Autre, AΠAMEΩN. ΦIAOKPATOY.   Æ⁶ 1 fr.
6056. Tête tourelée de femme, à dr. ℞. AΠAME. Marsyas
jouant de la flûte sur les détours du *méandre*.   Æ⁴ 1 fr.
6057. La même; AΠAM. APIΣTH.   Æ⁴ 2 fr.
6058. Autre, AΠAMEO. BIANOPO.   Æ⁴ 3 fr.

6059. Autre, ΑΠ᾽ ΜΕ. ΛΩΣΣΩ (?) ΚΕΦΙ. Æ⁴ 2 fr.

6060. Autre, ΑΠΑΜ. ΚΗΦΙΣ. ΣΚΑΥ. . Æ⁴ TB. 12 fr.

6061. Autre, ΑΠΑΜ. ΠΑΝΚΡΑ. ΖΗΝΩΝ. Æ⁴ 2 et 3 fr.

6062. Autre, ΑΠΑΜ. ΤΙΜΩ. Æ³ 2 fr.

6062 *bis.* ΒΟΥΛΗ. Buste voilé de femme, à dr. ℞. ΕΠΙ. Μ. ΓΕΚ. ΓΡΑΝΤΟ. Β. ΑΠΑΜΕΩΝ. Cinq épis. Æ⁶ 5 fr.

6063. ΝΕΡΩΝ. ΚΑΙΣΑΡ. ΣΕΒΑΣΤΟΣ. ΑΓΡΙΠΠΙΝΑ.ΣΕΒΑΣΤ. Bustes affrontés de Néron et d'Agrippine jeune. ℞. ΕΠΙ. ΜΑΡΙΟΥ. ΚΟΡΔΟΥ. ΚΟΙΝΩΝ. ΦΡΙΓΙΑΣ. ΑΠΑΜΕΙΣ. Aigle éployé, de face, sur un serpent. Æ⁷ B. 40 fr.

6064. ..... ΚΑΙΣ.. Tête laurée de Néron, à dr. ℞. ΑΠΑ. ΠΟ.... ΠΓΕΣΠΠΠΟC. Jupiter debout, à g. Æ⁴ 3 fr.

6065. ΑΥ. ΚΑΥ. Μ. ΑΥΡ. ΚΟΜΟΔΟC.. Buste lauré et drapé de Commode, à dr. ℞. ΑΠΑΜΕΩΝ. ΠΑΡΑ. CTPA-ΤΟΝΙΚΙΑΝΟΥ. La Fortune debout, à g. Æ⁹ 10 fr.

6066. ΠΟ. CΕΠΤΙ. ΓΕΤΑC. ΚΑΙ. Buste drapé de Géta, césar, à dr. ℞. ΕΠΙ. ΑΓΟΝΟΘΕΤΟΥ. ΑΡΤΕΜΑ. ΑΠΑΜΕΩΝ. Pallas debout, à g., tenant de la gauche une couronne, la droite sur la haste ; à ses pieds un bouclier. Æ⁶ B. 25 fr.

6067. Même buste. ℞. Même légende. La Fortune debout, à g. Æ⁶ 6 fr.

6068. Μ. ΟΠΕΛ. ΔΙΑΔΟΥΜΕΝΙΑΝΟC. ΚΑΙ. Buste drapé de Diaduménien, à dr. ℞. ΑΠΑΜΕΩΝ. Les deux Dioscures debout. Æ⁷ TB. 50 fr.

6069. ΛΙΚΙ. ΚΟΡΝ. ΟΥΑΛΕΡΙΑΝΟC. Κ. Buste lauré et drapé de Valérien jeune, césar, à dr. ℞. ΠΑ. ΕΡΜΟΥ. ΑΡΑΜΕΩΝ. La Fortune debout, à g. Æ⁶ 20 fr.

ATTAEA.

6070. ΑΥΤ. ΚΑΙCΑΡ. CΕΒ. Tête laurée d'Auguste, à dr. ℞. ΑΤΤΑΙΤΩΝ. Buste du Sénat, à dr. Æ⁴ TB. 30 fr.

ATTUDA.

6071. ΔΗΜΟC. Tête laurée du Peuple, à dr., contre-marquée d'une tête impériale. ℞. ΑΤΤΟΥΔΕΩΝ. Cinq vases (?) sur une base ornée de guirlandes. Æ⁵ 6 fr.

6072. ..ΛΙΚ.. ΓΑΛΛΙΗΝΟC. Buste radié, barbu et drapé de Gallien, à dr. ℞. ΑΤΤΟΥΔΕΩΝ. La Fortune debout, à g. Æ⁸ 12 fr.

BRUZUS.

4072 *bis.* AY. KAI. A. CEП. CEOYHPOC. Tête laurée de
Septime Sévère, à dr. R'. MAPK. POYΦINOC. BPOY-
ZHNΩN. ANEΘHKEN. Hygiée debout, à dr. Æ⁶ B 30 fr.

4073. Γ. IOY. OYH. MAΞIMOC. Buste drapé de Maxime,
à dr. R'. BPOYZHNΩN. Hygiée debout, à dr., donnant
à manger au serpent.   Æ⁶ 15 fr.

CADI (*Kedus*).

6074. EIEPOC. ΔHMOC. Tête diadémée du Peuple, à dr.
R'. EПI. XAPIΔHMOY. APX. A. TO. B. KAΔOHNΩN.
en 6 lignes dans une couronne de laurier. Æ⁸ TB. 25 fr.

6075. IEPA. BOYΛH. Tête jeune nue, à dr. R'. KAΔOH-
NΩN. Cybèle assise entre deux lions.   Æ⁴ F. 3 fr.

CIBYRA (*Buruz, Buras*).

6076. Tête imberbe casquée, à dr. R'. KIBYPATΩN. Cavalier en course, à dr., frappant de la haste ; dans le ch.,
ΣIA. MA. MO et bonnets des Dioscures.   R⁹ B. 600 fr.

6076 *bis.* La même ; dans le champ, AI, sans les bonnets.
                                    R⁴ TB. 100 fr.

6077. NEA. ΦAYCTEINA. Buste de Faustine jeune, à dr.
R'. KIBYPATΩN. Corbeille.   Æ⁵ 12 fr.

6078. AY. KAI. M. AN. ΓOPΔIANOC. Buste lauré et drapé
de Gordien III, à dr. R'. KIBYPATΩN. Le dieu *Lunus*
sacrifiant, à g.   Æ⁷ 10 fr.

6078 *bis.* ΦP. TPANKYΛΛEINA. CEB. Buste de Tranquilline, à dr. R'. KIBYPATΩN. Victoire tenant palme et
couronne, allant à g.; dans le champ, IΘC (an 219).
                                    Æ⁷ TB. 150 fr.

CIDYESSUS.

6079. AYTOKPATOPA. ΔOMITIANON. KIΔYH. Tête laurée de Domitien, à dr. R'. EПI. ΦΛAOYIOY. ПEINAPIOY.
Cybèle assise, à g., tenant de la droite une patère ; la g.
sur un lion.   Æ³ B. 40 fr.

6079 *bis.* AYT. K. M. IOY. ΦIΛIППOC CE. Buste lauré et
drapé de Philippe père, à dr. R'. EПI. AYP. OYAPOY.
ΛOΓICTOY. KYΔΔIHCCEΩN. Jupiter assis, à g., tenant
haste et patère.   Æ⁸ 20 fr.

COLOSSAE.

6079 *ter*. Buste de Sérapis, à dr. ℞. ΚΟΛΟCCΗΝΩΝ. Isis debout, à g., tenant le cistre, et de l'autre un petit vase à anse. Æ⁵ 15 fr.

COTIAEUM (*Kutajè, Cutaja*).

6080. ΔΗΜΟC. Tête barbue du Peuple, à dr. ℞. ΕΠΙ. Γ. ΙΟΥ. ΠΟΝΤΙΚΟΥ. ΑΡΧΙΕΡ. ΚΟΤΙΑΕΩ. Cybèle assise, à g. ; devant elle, un lion. Æ⁵ B. 20 fr.

6081. ΔΗΜΟC. ΚΟΤΙΑΕΩΝ. Tête imberbe du Peuple, à dr. ℞. ΕΠΙ. ΔΙΟΓΕΝΟΥC. ΔΙΟΝΥCΙΟΥ. ΑΡΧ. ΚΟΤΙΑΕΩΝ. Jupiter-*Aetophore* assis, à g. Æ⁶ B. 10 fr.

6082. ΚΛΑΥΔΙΟΝ. ΚΑΙΣΑΡΑ. ΚΟΤΙΑΕΙΣ. Tête laurée de Claude, à dr. ℞. ΕΠΙ. ΟΥΑΡΟΥ. ΥΙΟΥ. ΠΟΛΕΩΣ. Jupiter nu, debout, allant à g.; la droite levée.
Æ⁵ B. 6 fr. et TB. 15 fr.

6083. M. ΙΟΥΛΙΟC. ΦΙΛΙΠΠΟC. ΑΥΓ. Buste radié et drapé de Philippe Iᵉʳ, à droite. ℞. ΕΠΙ. ΙΟΥΛ. ΠΟΝΤΙΚΟΥ. ΑΡΧΙΕΡΕΟC. ΚΟΤΙΑΕΩΝ. Cybèle dans un bige de lions, à g.; à côté, un *vexillum*. Æ⁷ 5 fr.

6084. M. ΙΟΥΛΙΟC. ΦΙΛΙΠΠΟC. ΑΥΓ Buste de Philippe II, à g., lauré, drapé et armé d'un bouclier et d'une lance. ℞. ΕΠΙ. ΙΟΥ. ΚΟΔΡΑΤΟΥ. ΥΙΟΥ. ΠΙΠΙ. ΑΡΧΟ. ΚΟΤΙΑΕΩΝ. Esculape et Hygiée debout ; au milieu, Télesphore. Æ⁹ B. 30 fr.

6085. ΑΥΤ. Κ. Π. ΛΙΚ. ΟΥΑΛΕΡΙΑΝΟC. Buste radié et drapé de Valérien père, à dr. ℞. ΕΠΙ. ΠΡ. ΔΗΜΗΤΡΙΑΝΟΥ. ΙΙΙ. ΑΡΧ. ΚΟΤΙΑΕΩΝ. Cybèle, à g., dans un bige de lions. Æ⁶ 4 fr.

6086. Même buste. ℞. Même lég. Type du nᵒ 6084. Æ⁷ 6 fr.

6087. Même buste. ℞. Même lég. Cybèle sur un lion allant à droite. Æ⁷ 6 fr.

6088. ΑΥΤ. Κ. Π. Λ. ΓΑΛΛΙΗΝΟC. Buste radié et drapé de Gallien, à dr. ℞. ΕΠΙ. ΔΙΟΓΕΝΟΥC. ΔΙΟΝΥ. ΑΡΧ. ΚΟΤΙΑΕΩΝ. Cybèle sur un lion. Æ⁵ 5 fr. et TB. 10 fr.

6089. ΑΥΤ. Κ. Π. ΓΑΛΛΙΗΝΟC. Même buste lauré. ℞. ΕΠΙ. Π. ΑΙ. ΔΗΜΗΤΡΙΑΝΟΥ. ΠΙΙΙΙ. ΑΡΧ. ΚΟΤΙΑΕΩΝ. La Fortune debout, à g. Æ⁶ 4 fr.

DIONYSOPOLIS.

6090. Tête barbue de Silène ceinte de lierre, à dr. ℞.
ΔΙΟΝΥϹΟΠΟΛΕΙΤ. Ciste mystique d'où s'échappe un
serpent ; à côté, le *pedum*.   Æ² ½ B.   30 fr.

6090 *bis*. Buste de Sérapis, à dr. ℞. ΔΙΟΝΥϹΟΠΟΛΕΙΤΩΝ.
Mercure debout, à g.   Æ⁵ B.   30 fr.

6091. ϹΕΒΑϹΤΟϹ. Tête laurée d'Auguste, à dr. ℞. ΔΙΟ-
ΝΥϹΟΠΟΛΕΙΤΩΝ. Buste de Pallas, à dr.   Æ⁵   18 fr.

DOCIMAEUM (*Cara-Chiehere*).

6092. ...ΠΙΝΑ. ϹΕΒΑϹΤ. Tête de Crispine, à droite. ℞.
ΔΟΚΙΜΕΩΝ. Cybèle debout entre deux lions. Æ⁴ 20 fr.

EUCARPIA.

6093. ΕΥΚΑΡΠΕ. Buste de Mercure drapé, à dr., son caducée derrière le dos. ℞. ΕΠΙ. Γ. ΚΛ. ΦΛΑΚΚΟΥ. Croissant soutenu par une tête de bœuf ; dessus, deux étoiles.
        Æ³ B.   25 fr.

6094. ΣΕΒΑΣΤΟΣ. Tête laurée d'Auguste, à droite. ℞.
ΕΥΚΑΡΠ. Τ. ΚΟ. ΛΥΚΙΔΑΣ. ΕΥΞΕΝΟ. Némésis deb.,
de face.   Æ⁴   10 fr.

EUMENIA.

6095. Tête laurée de Jupiter, à dr. ℞. ΕΥΜΕΝΕΩΝ en
deux lignes dans une couronne.   Æ³   8 fr.

6096. ΝΕΡΩΝ. ΣΕΒΑΣΤΟΣ. Tête nue de Néron, à dr. ℞.
ΕΥΜΕΝΕΩΝ. ΙΟΥΛΙΟΣ. ΚΛΕΩΝ. ΑΡΧΙΕΡΕΥΣ. ΑΣΙΑΣ.
Iole debout, à g., tenant de la droite un oiseau ; de la
gauche le *bipenne* et la dépouille du lion.   Æ⁵   15 fr.

6096 *bis*. ΑΥ. ΚΑΙ. ΤΡ. ΑΔΡΙΑΝΟϹ. Buste lauré et drapé
d'Hadrien, à dr. ℞. ΕΥΜΕΝΕΩΝ. ΑΧΑΙΩΝ. Diane d'É-
phèse, de face, entre deux cerfs.   Æ⁷   12 fr.

HIERAPOLIS (*Pambuk-Kalessi*).

6097. Buste de Sérapis, à dr. ℞. ΙΕΡΑΠΟΛΕΙΤΩΝ. Isis
debout, à g., tenant un sistre de la dr. Æ⁵ 6 fr. B. 12 fr.

6098. Même buste. ℞. Même légende. Jupiter-*Laodicœus*
debout, à g.   Æ⁵   5 fr.

6099. Buste de Pallas, à dr. ℞. Même légende. Némésis
debout, à g.   Æ³ B.   5 fr.

6100. ΔΗΜΟC. Tête nue du Peuple, à dr. ℞. ΙΕΡΑΠΟ-ΛΕΙΤΩΝ. ΝΕΩΚΟΡΩΝ. La Fortune debout, à gauche. Æ⁹ B. 30 fr.

6101. ΒΟΥΑΗ. Buste lauré et voilé de femme, à droite. ℞. ΙΕΡΑΠΟΛΕΙΤΩΝ. Amazone à cheval. Æ⁷ B. 20 fr.

6102. ΛΑΙΡΒΗΝΟC. Buste radié du Soleil, à dr. ℞. ΙΕΡΑΠΟΛΕΙΤΩΝ. La louve et les deux enfants, à g. Æ⁶ 10 fr.

6103. ΙΕΡΑ. CΥΝΚΛΗΤΟC. Buste du Sénat, à droite. ℞. ΙΕΡΑΠΟΛΕΙΤΩΝ. ΝΕΩΚΟΡΩΝ. Couronne ; au milieu, ΑΚΤΙΑ. Æ⁶ B. 12 fr.

6104. ΓΕΡΟΥCΙΑ. Tête laurée et voilée de femme, à dr. ℞. ΙΕΡΑΠΟΛΕ.... Amazone à cheval, à dr. Æ⁶ F. 4 fr.

6105. ΛΑΙΡΒΗΝΟC. Buste du Soleil, à dr. ℞. ΙΕΡΑΠΟΛΕΙΤΩΝ. Hygiée assise, à g ; derrière elle, Télesphore debout. Æ⁷ 8 fr.

6106. ΦΑΥCΤΕΙΝΑ. CΕΒΑCΤΗ. Buste de Faustine jeune, à dr. ℞. Même lég. Jupiter-*Laodicæus* deb., à g. Æ⁵ 5 et 8 fr.

6107. ΑΥΤ. ΚΑΙ. Μ. ΑΥΡ..... Buste lauré et cuirassé de Caracalla, à dr. ℞. ΙΕΡΑΠΟΛΕΙΤΩΝ. Bacchus debout, à g., tenant le thyrse et le *cantharum*. Æ⁷ 8 fr.

CONCORDIA, HIERAPOLIS cum SARDES.

6108. ΙΕΡΑΠΟΛΕΙΤΩΝ. Κ. CΑΡΔΙΑΝΩΝ. Buste de Diane, à dr., le carquois sur l'épaule. ℞. ΝΕΩΚΟΡΩΝ. ΟΜΟΝΟΙΑ. Le dieu Lunus debout, à g., le pied sur une tête de bœuf. Æ⁵ B. 25 fr.

LAODICAEA.

6109. Ciste entr'ouvert d'où s'échappe un serpent, au milieu d'une couronne de pampres ℞. ΛΑΟ. Deux serpents enlacés autour d'un carquois. Ꭱ⁶ F. 30 fr.

6110. Tête de Diane. ℞. ΛΑΟΔΙΚΕΩΝ. Femme debout, à g., tenant un oiseau. Æ³ 3 fr.

6111. Tête de Vénus, à droite. ℞. ΛΑΟΔΙΚΕΩΝ. Double corne d'abondance. Æ⁴ B. 8 fr.

6112. Tête laurée de femme, à dr. ℞. ΛΑΟΔΙΚΕΩΝ. Corne d'abondance et caducée. Æ⁵ F. 1 fr.

6113. Tête de Sérapis, à dr. ℞. ΛΑΟΔΙΚΕΩΝ. Corne d'abondance remplie de fruits. Æ⁵ 3 fr.

6114. ΕΠΙ. ΑΠΟΚΡΑ. Tête barbue, à dr. ℞. ΛΑΟΔΙΚΕΩΝ. ΦΟΡ. Bacchus debout, à g. Æ³ B. 15 fr.

6115. Buste radié du Soleil, à dr. ℞. ΛΑΟΔΙΚΕΩΝ. Autel allumé. Æ³ TB. 12 fr.

6116. ΛΑΟΔΙΚΕΩΝ. Tête de femme, à dr.; devant, une lyre. ℞. ΠΥΘΗΣ. ΠΥΘΟΥ. Autel; au-dessus, fleur du lotus. Æ³ 2 et 4 fr.

6117. ΛΑΟΔΙΚΕΩΝ. Buste tourelé de femme, à droite. ℞. ΙΟΥΛΙΑ. ΖΗΝΩΝΙΣ. Vénus debout, à dr., tenant une colombe et la haste. Æ⁴ B. 8 fr.

6118. Buste de Pallas, à g. ℞. ΛΑΟΔΙΚΕΩΝ. Victoire allant à g. Æ⁴ F. 1 fr.

6119. Tête d'Apollon, à dr. ℞. ΛΑΟΔΙΚΕΩΝ. Trépied. Æ³ 2 et 4 fr.

6120. ΛΑΟΔΙΚΕΩΝ. Buste du dieu Lunus, à dr. ℞. ΔΙΟΣ-ΚΟΥΡΙΔΗΣ. Aigle éployé de face, regardant à g.; dans le champ, ΚΡΟ ou ΟΡΚ en monogr. Æ⁴ B. 20 fr.

6121. ΔΗΜΟΣ. ΛΑΟΔΙΚΕΩΝ. Tête imberbe du Peuple, à dr. ℞. ΙΟΥΛΙΟΣ. ΑΝΔΡΟΝΙΚΟΣ. ΕΥΕΡΓΕΤΗΣ. Jupiter-*Laodicœus*, à g., tenant de la dr. l'aigle; de la g. le *pallium*. Æ⁷ 6 fr.

6122. Même légende et même tête. ℞. Même type. Æ⁵ 4 f.

6123. ΘΕΑ. ΡΩΜΗ. Buste casqué de Rome, à g. ℞. ΛΑΟΔΙΚΕΩΝ. Deux mains jointes. Æ⁴ 6 fr.

6124. ΛΑΟΔΙΚΕΑ. Tête voilée et tourelée de femme, à dr. ℞. Même légende et même type. Æ⁴ 6 fr.

6125. Même légende et même tête. ℞. ΛΑΟΔΙΚΕΩΝ. Corne d'abondance. Æ⁴ 3 fr.

6126. ΝΕΡΩΝ. ΚΑΣΑΡ. Buste de Néron, césar, à dr. ℞. ΠΟΛΕΜΟΝΟΣ. ΙΟΥ. ΖΗΝΩΝΟΣ. ΛΑΟΔΙΚΕΩΝ. Ciste d'où sort un serpent; le tout sur un trépied. Æ⁴ 15 fr.

6127. Même tête. ℞. ΓΑΙΟΥ. ΠΟΣΤΟΥΜΟΥ. ΛΑΟΔΙΚΕΩΝ. Jupiter-*Philalètes* debout, à dr. Æ⁴ F. 2 fr.

6128. ΑΥ. ΚΑΙ. Μ. ΑΝΤΩΝΕΙ. Buste lauré et drapé de Caracalla jeune, à dr. ℞. ΛΑΟΔΙΚΕΩΝ. La Fortune deb., à g. Æ⁷ B. 10 fr.

6129. Μ. ΑΥΡ. ΑΝΤΩΝΕΙΝΟC. Buste lauré et drapé d'Élagabale, à dr. ℞. ΛΑΟΔΙΚΕΩΝ. ΝΕΩΚΟΡΩΝ. La Fortune debout, à g., tenant de la g. une corne d'abondance d'où pendent des raisins; de la droite un gouvernail et des épis.   Æ⁶ 8 fr.

6130. M. AYP. AΛEΞANΔPOC. Buste drapé à tête nue d'Alexandre Sévère, à dr. ℟. Le même.   Æ⁶ 8 fr.

6131. AY. K. M. IOY. ΦIΛIΠΠOC. AYΓ. Buste lauré et drapé de Philippe père, à dr. ℟. ΛAOΔIKEΩN. NEΩKOPΩN. La Province tourelée debout, à g., tenant la Victoire et une corne d'abondance.   Æ¹¹ 12 fr.

6132. OTA. CEYHPA. CE. Buste d'Otacille, à droite. ℟. ΛAOΔIKEΩN. NEΩKO. La Fortune debout, à g. Æ⁵ 6 fr.

6133. . . . . ΦIΛIΠΠOC. . . Buste de Philippe fils, césar, à dr. ℟. ΛAOΔIKEΩN. NEΩKOPΩN. Un loup et une louve couchés, l'un à dr., l'autre à g., leurs têtes retournées l'un vers l'autre.   Æ⁶ F. 6 fr.

CONCORDIA, LAODICAEA *cum* METROPOLIS.

6134. AYTOKPA. KAICAP. AΔPIANOC. Buste drapé d'Hadrien, la tête nue, à g. ℟. MHTPOΠOΛEITΩN. KAI. ΛAOΔIKEΩN. Les deux Provinces debout se donnant la main.   Æ⁹ 30 fr.

LYSIAS.

6135. AYT. K.. ΓOPΔIANOC. Buste lauré et drapé de Gordien III, à dr. ℟. ΛYCIAΔEΩN. La Fortune debout, à g.   Æ⁶ 20 fr.

METROPOLIS (*Tireh*).

6136. Λ. CEΠ. ΓETAC. Buste drapé de Géta, césar, à dr. ℟. METPOΠOΛITΩN. Fleuve (le *Cayslrus*) couché à g.
                                        Æ³ TB. 30 fr.

6137. AYT. K. M. IOY. ΦIΛIΠΠOC. Buste lauré et drapé de Philippe père, à dr. ℟. EΠ. CTP. I. IOY. AΠPONIANOY. MHTPOΠOΛEITΩN. Figure casquée avec un habit court, à g., dans un temple *tétrastyle*. Æ¹¹ B. 50 fr.

6138. MAP. OTA. CEYHPA. Tête d'Otacille, à droite. ℟. EΠ. CTP. AYP. ΘEΩNOC. MHTPOΠOΛEITΩN. Femme debout, à g., tenant une petite figure et une corne d'abondance.   Æ⁸ 6 fr.

6139. AYT. K. ΠO. ΛIKIN. ΓAΛΛIHNOC. Buste lauré et drapé de Gallien, à droite. ℟. CEBACTA. KAICAPEA. MHTPOΠOΛEITΩN. Urne avec deux palmes. Æ⁷ B. 12 f.

NACOLEA.

6140. ΑΥΤ. ΔΟΜΙΤΙΑΝΟΣ. ΚΑΙΣΑΡ. ΣΕΒ. ΓΕΡ. Tête laurée de Domitien, à dr. ℞. ΝΑΚΟΛΕΩΝ. Femme assise, à gauche, le *modius* sur la tête, tenant patère et haste. Æ⁶ 30 fr.

6141. ΑΥΤ. Κ. Μ. ΑΥΡΗ. ΑΝΤΟΝΕΙΝΟC. ΑΥΓ. Tête laurée de Caracalla, à dr. ℞. ΝICΤΙC. CΤΡ. ΝΑΚΟΛΕΩΝ. Hercule nu debout, à dr.; il est appuyé sur sa massue posée sur une tête de taureau. Æ⁹ 40 fr.

PELTAE.

6143. Tête tourelée de femme, à dr. ℞. ΠΕΛ...ΩΝ. Les trois Grâces debout. Æ³ 25 fr.

PRYMNESSUS.

6144. ΝΕΡΩΝΑ. ΚΑΙΣΑΡΑ. ΠΡΙΜΝΗΣ. Tête laurée de Néron, à dr. ℞. ΕΠΙ. ΚΛΑΥΔΙΟΥ. ΜΙΘΡΙΔΑΤΟΥ. Femme debout, à g., tenant une balance et des épis. Æ⁴ B. 15 f.

6145. ΤΙ. ΑΥΤΟΚΡΑ. ΚΑΙCΑ... Tête laurée de Titus, à dr. ℞. ΠΡΥΜ... Femme assise, à g., tenant de la dr. des balances. Æ⁵ 10 fr.

SALA.

6146. ΔΗΜΟC. CΑΛΗΝΩΝ. Buste lauré et barbu, à droite. ℞. ΕΠΙ. ΑΝΔΡΟΥ. ΙΕΡ. CΑΛΕΙΤΩΝ (?). Mercure debout. Æ⁴ 4 fr.

6147. CΑΛΗΝΩΝ. Tête d'Hercule, à droite. ℞. ΕΙΙΙ. ΑΛΕΞΑΝΔΡΟΥ. Grappe de raisin. Æ⁴ 6 fr.

6148. CΑΛΗΝΩΝ. Buste de Pallas, à dr. ℞. ΕΠΙ. Γ. ΟΥΑΛ. ΑΝΔΡΟΝΕΙΚΟΥ. CΑΛ. Cybèle assise, à g. Æ⁴ 8 fr.

6149. Buste de Pallas. ℞. CΑΛΗΝΩΝ. Cybèle assise, à g. Æ⁴ B. 20 fr.

6150. ΗΡΟC. ΑΝΤΙΝΟΟC. Buste drapé d'Antinoüs, à dr. ℞. CΑΛΗΝΩΝ. Bacchus debout, à dr., tenant de la dr. le *cantharum*, le coude sur une colonne. Æ⁵ 60 fr.

6150 *bis*. ΦΑΥCΤΕΙΝΑ. ΑΥΓΟΥCΤΑ. Buste de Faustine jeune, à dr. ℞. ΑΓΡΕΥC. ΑΡΧΟΝΤΟC. Α. Τ. Β. CΑΛΙΗ-ΝΟΙC. Apollon debout, à g, tenant de la dr. un trépied. Æ⁴ 6 fr.

SEBASTE.

6151. Buste imberbe lauré, à dr. (Hercule ?) ℞. CEBAC-
THNΩN. Aigle éployé de face. Æ⁴ B. 20 fr.

6152. Tête de bacchante, à dr. ℞. CEBACTHNΩN. Cybèle
assise, à g. Æ⁵ 20 fr.

6153. Buste du dieu Lunus, à dr. ℞. CEBACTHNΩN. Hygiée debout, à dr. Æ⁴ 12 fr.

6154. ΘΕΩN. CYNKΛHTON. Buste du Sénat, à dr. ℞.
CEBACTHNΩN. Jupiter assis, à g., tenant de la dr. une
patère ; la g. sur la haste. Æ⁶ 10 fr.

6155. CEBACTOC. Buste drapé à tête nue d'Auguste. ℞.
IOYΛIOY. ΔIONYΣIOY. ΣEBAΣTHNΩN. Jupiter assis,
à g., tenant l'aigle et la haste. Æ⁵ 5 fr. et B. 10 fr.

STECTORIUM.

6156. IEPA. BOYΛH. Tête voilée de femme. ℞. CTECTO-
PHNΩN. Bacchus debout, à g., tenant le *cantharum* et
une grappe de raisin. Æ⁵ 20 fr.

6157. AYT. K. M. IOY. ΦIΛIHHOC. Têtes affrontées et
laurées de Philippe père et fils. ℞. EΠ. AY. ΔHMHTPIOY.
ACIAPX. K. THC. ΠATPIA. CTEKTOPHNΩN. Mars debout, à g., la droite sur la haste ; la gauche sur un bouclier. Æ⁸ 60 fr.

SYNNADA.

6158. Alexandre le Grand. Type du n° 2780. Devant le
Jupiter, chouette et MAX (?) en monogr. ; sous le siège,
pierre de forme conique. Æ⁸ TB. 60 fr.

6159. KOP. CAΛΩNINA. CEB. Buste de Salonine, à dr.
℞. CYNNAΔE.. IΩNΩN. Femme tourelée debout, à dr.,
la droite sur la haste ; tenant de la gauche Jupiter enfant ;
à ses pieds, une chèvre. Æ⁸ 30 fr.

TIBERIOPOLIS.

6160. IEPA. CYNK.... Buste du Sénat, à dr. ℞. TIBE-
PIOΠOΛITΩN. Diane d'Éphèse, de face, avec ses supports. Æ⁴ 15 fr.

6161. CABEINA. CEBACT. Buste de Sabine, à droite. ℞.
TIBEPIOΠOΛITΩN. Diane chasseresse, à dr. ; à ses
pieds, un chien. Æ⁴ 20 fr.

6162. ΔΗΜΟC. Buste du Sénat, à dr. ℞. ΤΡΑΙΑΝΟΠΟΛΙ-ΤΩΝ. Cybèle assise, à g. Æ⁴ 10 fr.

GALATIA (*in genere*).

6163. ΑΥΤ. ΝΕΡ. ΤΡΑΙΑΝΟΣ. ΚΑΙΣΑΡ. ΣΕ. ΓΕ. Tête laurée de Trajan, à droite. ℞. ΕΠΙ. ΠΟΜΠΟΝΙΟΥ. ΒΑΣ. ΚΟΙΝΩΝ. ΓΑΛΑΤΙΑΣ. Temple, à g., vu de côté ; le dieu Lunus debout sur le devant. Æ⁹ 20 fr.

ANCYRA (*Enguri, Engora*).

6164. CEBAC. ΑΥΤΟΚΡΑ. Tête laurée d'Auguste, à dr. ℞. CEBAC. ΑΥΤΟΚΡΑ. Même tête. Æ⁴ 6 fr.

Il n'existe aucune trace de la ville de Sebaste en Galatie, et les historiens anciens s'accordent tous à reconnaître que la ville d'Ancyre, pour flatter l'empereur Auguste, prit le nom de Sebaste, qu'elle conserva pendant tout son règne et même encore plus tard. Il serait possible que parmi nos nᵒˢ 6151 à 6155 il se trouvât encore quelques pièces appartenant à cette localité ; mais l'absence du mot ΓΑΛ nous a engagés à les mettre à Sebaste de Phrygie, contrée dans laquelle on nous a dit les avoir trouvées.

6165. ΑΝΤΩΝΕΙΝΟC....... Buste de Caracalla lauré, à dr., les épaules nues. ℞. ΜΗΤΡΟΠΟΛΕΑC. ΑΝΚΥΡΑC. Temple à 8 colonnes. Æ⁷ TB. 20 fr.

6166. ΑΝΤΩΝΙΝΟC. ΠΙΟC. ΑΥΓΟΥCΤΟC. Même buste à g. ℞. Même légende. Cérès debout, à g. Æ⁸ B. 12 fr.

6167. ΑΝΤΩΝΙΝΟC. ΑΥΓΟ.. Même buste, à droite. ℞. ΑΝΚΥΡΑΣ. ΜΗΤΡΟΠ. Urne avec une palme. Æ⁴ 3 fr.

6168. A. K. M. ΑΝΤΩΝΕΙΝΟC. AV. Buste lauré d'Élagabale, les épaules nues. ℞. ΑΝΚΥΡΑC. Temple à 8 colonnes. Æ⁸ 12 fr.

GERME (*Germesti*).

6168 *bis*. ΑΥΡ. ΑΝΤΩΝ.. Buste lauré d'Élagabale, à dr. ℞. COLONI. A. GERM. Prêtre conduisant deux bœufs. Æ⁴ F. 12 fr.

6169. Π. IMP. C. M......... Buste lauré de Gordien III? à dr. ℞. COLON,.... Prêtre conduisant un bœuf, à dr. Æ⁴ F. 10 fr.

PESSINUS (*Uciasce-Kioj*).

6170. AY. KAI. AΔP. ANTΩ. EY. CE. Tête laurée d'Antonin, à dr. ℞. ΓΑΛ. TO. ΠΕCCIN. Aigle éployé de face.   Æ³ TB.   20 fr.

REGES GALATIAE.

AMYNTAS (*règne de* 36 *à* 24 *av. J. C.*).

6171. Tête casquée de Pallas, à droite. ℞. ΒΑΣΙΛΕΩΣ. AMYNTOY. Victoire allant à g., tenant de la dr. un long sceptre et un diadème.   OR² TB.   80 fr.

6172. Même tête. ℞. ΒΑΣΙΛΕΩΣ. AMYNTOY. Même type.   Æ⁸ TB.   25 et 30 fr.

6173. Même tête ; derrière, ΜΑΓΥΔ en monogr. ℞. Le même. IB an 12 devant la Victoire.   Æ⁸ TB. 30 et 35 fr.

6174. Même tête sans monogr. ℞. Même type. La Victoire porte sur la tête une trompe d'éléphant.   Æ⁸ TB. 150 fr.

Ces quatre pièces étaient totalement inconnues avant l'année 1844. Le premier tétradrachme d'argent qui parut fut acquis à un prix très-élevé par M. le duc de Luynes, qui a publié un article très-intéressant sur ces monnaies dans la *Revue de Numismatique française* de 1845. Voir p. 253 à 265.

6175. Tête barbue d'Hercule, la massue sur l'épaule; derrière ΜΑΓΥΔ en monogr. ℞. ΒΑΣΙΛΕΟΣ. AMYNTOY. Lion passant à dr.   Æ⁶   12 fr.

CAPPADOCIA.

EUSEBIA.   CAESAREA (*Kajserie*).

6176. . . . . .Σ ΚΑΙΣΑΡ. ΣΕΒΑ. . . Tête laurée de Tibère, à dr. ℞. ΘΕΟΥ. ΣΕΒΑ. . . Le mont Argée avec un antre ; la statue d'Apollon-*Didymeus*, sur le sommet. Æ⁴ 15 fr.

6176 *bis.* NERO. CLAVD. F. . . . . . Tête laurée de Néron, à dr. ℞. date effacée. Même type.   Æ⁴   8 fr.

6177. ΝΕΡΩΝ. ΚΑΙCΑΡ. Buste de Néron, César, à dr. ℞. ΚΑΙCΑΡΕΩΝ. Gerbe de cinq épis.   Æ³   10 fr.

6178. NERO. CLAVD. DIVI. CLAVD. F. CAESAR. AVG. GERM. Tête laurée de Néron, à dr. ℞. DIVOS. CLAVD. AVGVST. GERMANIC. PATER. AVG. Tête laurée de Claude, à dr.   Æ⁶   20 et 30 fr.

6178 *bis.* La même (1/2 de la précédente). Æ⁴ ½ 30 fr.

6179. AYTOKPA. KAICAP. OYECΠACIANOC. CEBAC-
TOC. Tête laurée de Vespasien. à dr. ℟. NIKH. CE-
BACTH. Victoire tenant une couronne, allant à droite.
Æ⁵ 5 et 10 fr.

6180. Même légende et même tête. ℟. Sans légende. Même
type. Æ³ 2 et B 10 fr.

6181. Même légende et même tête. ℟. T. KAI. OYEΣ-
ΠACIANOC. CEBACTOY. YIOC. Tête laurée de Titus,
à dr. Æ⁵ 10 et 20 fr.

6182. AYTOKPATOP. TITOC. KAICAP. CEBA. Tête laurée de Titus, à dr. ℟. EΙΙΙ. ΓΑΛΛΟΥ. ET. Γ. (An 3). Le
mont Argée ; une couronne sur le sommet. Æ⁵ 10 fr.

6183. AY. KAI. ΔOMITIANOC. CEBACTOC. ΓΕΡΜ. Tête
laurée de Domitien, à dr. ℟. ETO. ΙΓ. (an 13). Victoire,
allant à dr., tenant palme et couronne. Æ⁵ 25 fr.

6184. Même tête. ℟. ETO. ΙΓ. (an 13). Pallas, deb. à dr.,
appuyée sur sa haste. Æ⁵ F. 10 fr.

6185. Même tête. ℟. Même lég. et date. Massue. Æ⁵ 6 et 10 f.

6186. AYTOKPA. NEPOYA. CEBACTOC. YΠATOC. Δ.
(an 4). Tête laurée de Nerva, à dr. ℟. ΠPON. CTPAT.
Deux mains jointes tenant une enseigne fixée sur une
proue. Æ⁵ 12 fr.

6187. Même tête, avec YΠAT. Γ. (an 3). ℟. EΛEYΘ ΔHMOY.
La Liberté, deb. à g. Æ⁵ 6 fr.

6188. La même, avec YΠAT. Δ. (an 4). Æ⁵ 12 fr.

6189. La même, sans le mot YΠAT et sans date.
Æ⁵ B. 20 fr.

6190. Même tête, avec YΠAT. Δ. (an 4). ℟. TYKH. CE-
BACTOY. La Fortune, deb. à g. Æ⁵ 5 et 10 fr.

6191. Même tête, sans YΠAT. ℟. YΠATOY. TPITOY.
(an 3). Massue. Æ⁵ F. 10 fr.

6192. Même tête. ℟. YΠATOY. TETAPTOY. (an 4).
Massue. Æ⁵ 15 fr.

6193. Même tête. ℟. Même lég., type du n° 6176. Æ⁵ 10 fr.

TRAJAN, (an 2).

6194. AYTOKP. KAIC. NEPOYAC TPAIANOC. CEBAC.
ΓΕΡΜ. Tête laurée de Trajan, à dr. ℟. YΠAT. ΔEYT.
Type du n° 6176. Æ⁵ 6 fr.

6195. Même tête. ℞. Même lég. Mars deb. à g., la dr. sur la haste, la gauche sur un bouclier. Æ⁵ F. 10 fr.

6196. ΑΥΤ. ΚΑΙC. ΝΕΡ. ΤΡΑΙΑΝΟC. CEB. ΓΕΡΜ. Même tête. ℞. ΔΗΜΑΡΧ. ΕΞ. ΥΠΑΤ. B. Type du n° 6186. Æ⁵ 10 fr.

6197. Même tête. ℞. Même lég. Massue. Æ⁵ 8 fr.

6198. Même tête. ℞. Même lég. La Liberté debout, à g. Æ⁵ 5 fr.

6199. Même tête. ℞. Même lég. La Fortune debout, à g. Æ⁵ 10 fr.

6200. ΑΥΤΟΚ. ΚΑΙC. ΝΕΡ. ΤΡΑΙΑΝΟC. CEB. ΓΕΡΜ. ΔΑΚ. Buste de Trajan drapé, à dr. ℞. Même type. Æ⁵ B. 20 fr.

an 3.

6201. ΑΥΤΟΚΡΑΤ. ΝΕΡΟΥΑC. ΤΡΑΙΑΝΟC. CΕΒΑCΤΟC. Tête laurée de Trajan, à dr. ℞. ΥΠΑΤΟΥ. ΤΡΙΤΟΥ. Massue. Æ⁵ 15 fr.

an 5.

6201 *bis.* Lég. du n° 6200, avec le buste, les épaules nues. ℞. ΔΗΜΑΡΧ. ΕΞ. ΥΠΑΤ. E. L'Arabie debout, à g., tenant un rameau ; à ses pieds un chameau. Æ⁵ 30 fr.

an 6.

6202. Même buste drapé. ℞. ΔΗΜΑΡΧ. ΕΞ. ΥΠΑΤΟ. S. Gerbe de six épis. Æ⁵ 10 fr.

6203. Même buste. ℞. Même lég. La Fortune deb., à g. Æ⁵ 4 et 6 fr.

6204. La même. Le buste de Trajan, les épaules nues. Æ⁵ 4 et 6 fr.

6205. Même buste. ℞. Même légende, Apollon nu, debout à gauche, tenant un arc et un rameau. Æ⁵ 4 et 8 fr.

6206. La même. Le buste de Trajan, drapé. Æ⁵ 4 et 6 fr.

6207. Même pièce, avec le mot ΑΡΙCΤΩ dans la légende, du côté de la tête. Æ⁵ 15 fr.

6208. La même, les épaules nues. Æ⁵ 6 et 10 fr.

6209. Même buste. ℞. Même lég. Le mont Argée avec un antre au milieu. Æ⁵ 6 et 10 fr.

6210. Lég. et buste du n° 6200. ℞. Le même. Æ⁵ 4 et 6 fr.

6211. Légende et buste du n° 6201 *bis.* ℞. Le même. Æ⁵ 4 et 6 fr.

6212. IMP. TRAIANO. AVG. GER. DAC. P. M. TR. P.
COS. VI. P. P. Buste lauré et drapé de Trajan, à dr. ℞.
Le même, avec la lég. grecque. Æ³ 40 fr.

6213. Lég. et buste du n° 6200. ℞. Même lég. Aigle légionnaire entre deux enseignes militaires. Æ⁵ 15 fr.

6214. Même buste. ℞. Même lég. Buste de femme, à g., tenant un sceptre. Æ⁵ 12 fr.

6215. La même. (drachme). Æ⁴ 6 et 10 fr.

6216. Autre, Trajan, les épaules nues. Æ⁵ 10 fr.

6217. Lég. et buste du n° 6207. ℞. Le même. Æ⁵ 20 fr.

6218. La même. (drachme). Æ⁴ F. 3 fr.

6219. Lég. et buste du n° 6200. ℞. Même lég. Massue.
Æ³ 4 et 6 fr.

6220. La même, Trajan, les épaules nues. Æ⁵ 6 fr.

6221. La même, avec la lég. et le buste du n° 6207.
Æ³ 10 fr.

6222. Même buste. ℞. Même lég. Deux mains tenant une enseigne fixée sur une proue. Æ⁵ 10 et 15 fr.

6223. La même, les épaules de Trajan nues. Æ⁵ 10 fr.

6224. Lég. et buste du n° 6200. ℞. Le même. (drachme).
Æ⁴ B. 12 fr.

6225. Lég. et buste du n° 6207. ℞. Même lég. Victoire, à dr., tenant palme et couronne. (drachme). Æ⁴ 8 fr.

6226. Lég. et buste du n° 6201 *bis*. ℞. Même lég. L'Arabie debout, à g., tenant un rameau ; à ses pieds un chameau. (drachme). Æ⁴ 6 fr.

An 13.

6227. Lég. effacée. Tête de Trajan, à dr. ℞. ΕΠΙ. ΠΟΜΩ.
BAC. KAIC. IΓ. Le mont Argée. Æ³ F. 1 fr.

HADRIEN, (an 3).

6228. ΑΔΡΙΑΝΟC. CEBACTOC. Buste lauré d'Hadrien, les épaules nues, à dr. ℞. ΥΠΑΤΟC. Γ. ΠΑΤΗΡ. ΠΑΤΡ.
Le mont Argée. Æ³ 6 fr.

6229. La même, trois étoiles au-dessus du mont Argée.
Æ⁵ 6 et B. 12 fr.

6229 *bis*. La même. (drachme). Æ⁴ 10 fr.

6230 La même, une seule étoile au-dessus du mont.
Æ⁴ 6 fr.

6231. Autre, la statue d'Apollon au sommet du mont.
Æ⁵ 6 et B. 15 fr.

6232. AΔPIANOC. CEBACTOC. Buste lauré et drapé d'Hadrien, à dr. ℞. Même lég. Le mont Argée; au-dessus deux étoiles. Æ⁵ 12 fr.

6233. Même buste. ℞. YΠATOC. Γ. ΠATHP. ΠATPIΔOC. Aigle éployé, sur une base. Æ⁵ 10 fr.

6234. Même buste, les épaules nues. ℞. Même lég. Massue dans le champ, croissant et étoile. Æ⁵ 5, 8 et 12 fr.

6235. Même buste, drapé, à dr. ℞. Même lég. La Fortune assise, à g. Æ⁵ 6 fr.

6236. Même lég. Tête laurée, à dr. ℞. Le même. Æ⁵ 8 fr.

6237. AΔPIANOC. CEBACTOC. Buste lauré et drapé d'Hadrien, à g. ℞. YΠATOC. TO. Γ. ΠATHP. ΠATP. Massue. Æ⁵ 30 fr.

6238. AYT. KAI. TPAIAN. AΔPIANOC. CEB. Buste lauré et drapé, à dr. ℞. ΔHMAPX. EΞ. YΠAT. Γ. Le mont Argée avec Apollon nu debout au sommet. Æ⁵ 15 fr.

6239. Même buste, les épaules nues. ℞. Le même. (drachme). Æ⁴ 10 fr.

An 4.

6240. AYTO. KAI. TPAI. AΔRIANOC. CEBACT. Buste lauré et drapé d'Hadrien, à dr. ℞. ET. Δ. Victoire allant à droite, tenant palme et couronne. (¹/₂ drachme). Æ³ 3 et 5 fr.

6241. Même buste, les épaules nues. ℞. ET. Δ. Massue. Æ³ F. 2 fr.

An 5.

6242. Tête et revers du n° 6240, avec la date ET. E. Æ³ 10 fr.

An 6.

6243. Même type, avec ET. S. Æ³ 10 fr.

6244. HADRIANVS. AVGVSTVS. Même buste radié. ℞. COS. III. Le mont Argée, Apollon sur le sommet Æ⁴ B. 6 fr.

ANTONIN, *an 1ᵉʳ.* (*Avec le nom primitif de Césarée.*)

6245. AYTOKP. ANTΩNEINOC. CEBACTOC. Tête nue d'Antonin, à dr. ℞. EYCEBEIA. Femme debout, à g.;

à ses pieds un autel, tenant de la gauche, l'*acerra*.
Æ⁵ B. 30 fr.

6246. La même, la tète d'Antonin, laurée. Æ⁵ 20 fr.
6247. La même, avec buste lauré et drapé. Æ⁵ 10 et 20 fr.

An 2.

6248. Lég. et tète du n° 6246. ℞. ΥΠΑΤΟC. B. Le mont
Argée ; Apollon sur le sommet. Æ⁵ 5, 10 et 15 fr.
6249. Tète du n° 6245. ℞. Le même. (drachme).
Æ⁴ 3 fr. et B. 12 fr.
6250. La même, tète laurée. Æ⁴ 8 fr.
6251. Même tète. ℞. ΥΠΑΤΟC. B. ΠΑΤΗΡ. ΠΑΤΡ. Même
type. Æ⁵ 6 fr.

An 3.

6252. Tète du n° 6246. ℞. ΥΠΑΤΟC. Γ. Le mont Argée,
surmonté d'une étoile. Æ⁵ B. 15 fr.

An 4.

6253. Lég. du n° 6245. Buste drapé, à tète nue, à dr. ℞.
ΥΠΑΤΟC. Δ. Type du n° 6248. Æ⁴ 6 fr.

MARC AURÈLE, *Empereur* (*an* 3).

6254. AYTOKP. ANTΩNEINOC. CEB. Tète laurée et barbue
de Marc Aurèle, à dr. ℞. ΥΠΑΤΟC. Γ. Le mont Argée,
surmonté d'une étoile. Æ⁵ TB. 15 fr.
6255. La même. Æ⁵ TB. 10 fr.
6256. La même; la statue d'Apollon surmonte le mont Argée. Æ⁵ 5 fr. B. 10 fr. TB. 20 fr.
6257. La même, la tète de Marc Aurèle nue. Æ⁵ 15 fr.
6258. Même tète, laurée. ℞. KAICAPEΩN. T. Π.... Le
mont Argée. Æ⁴ 2 fr.

LUCIUS VERUS (*an* 2).

6259. AYTOKP. OYHPOC. CEBACTOC. Tète nue de Lucius Verus, à dr. ℞. ΥΠΑΤΟC. B. Le mont Argée ; la
statue d'Apollon au sommet. Æ⁵ 8 fr. TB. 20 fr.
6260. La même, la tète de Verus, laurée. Æ⁵ TB. 15 fr.
6261. Même tète. ℞. Même lég. Le mont Argée, surmonté
d'une étoile. Æ⁵ 10 fr.
6262. La même, la tète de Verus, nue Æ⁵ B. 12 fr. TB. 20 fr.

COMMODE (*an* 3).

6263. AYT. M. AYP. KOMO. ANTΩNINOC. C. Tête laurée de Commode, à dr.. ℞. YΠATOC. Γ. ΠATPIΔOC.
Massue dans le champ, croissant et étoile.　℞⁴ ½ 20 fr.

An 4.

6264. Même tête. ℞. Même lég., avec Δ. Le mont Argée;
étoile au sommet.　℞⁴ F.　5 fr.
6265. Même tête. ℞. Même lég. Victoire, à dr., tenant
palme et couronne.　℞⁴　6 fr.

An 10.

6266. Même légende, buste lauré et drapé, à dr. ℞. MH-
TPOΠO. KAICAPEIAC. Le mont Argée sur un autel;
sur la base, ET. I.　Æ⁸　6 fr.

An 11.

6267. Même buste. ℞. Le même avec ET. IA. sur l'autel.
Æ⁸　10 fr.

PESCENIUS NIGER.

6268. ..., ..., PES. NIGER. IVST. AVG. Buste lauré
et drapé de Niger, à dr. ℞. ΔHMAPX. EΞ. O YΠATOC.
Corbeille remplie de trois épis.　℞⁴　200 fr.

SEPTIME SÉVÈRE (*an* 2).

6269. AY. Λ. CEΠ. CEOYHPOC. Tête laurée de Sévère, à
dr. ℞. MHTPO. KAICAP. ET. B. Le mont Argée; étoile
au sommet.　℞⁴　3 et 5 fr.

An 3.

6269 *bis*. La même, avec ET. Γ.　℞⁴　5 fr.

An 14.

6270. AY. KAI. Λ. CEΠTI. CEOYPOC. Même tête. ℞.
MHTPO. KAICAPI. ET. IΔ. Mont Argée; Apollon sur le
sommet.　℞⁴　8 fr.

An 15.

6271. Même tête. ℞. Même lég., ET. IE.; type n° 6269.
℞⁴ B.　8 fr.

An 18.

6272. Même tête. ℞. MHTPO. KAICAP. NEΩ. ET. IH.

Figure tenant une palme, assise, à g., sur des rochers.
Æ⁴ 10 fr.

6272 *bis*. Même tête. ℞. Même lég. Victoire, allant à dr.
Æ⁴ 8 fr.

Date incertaine, peut-être l'*an* 6.

6273. Lég. et tête du n° 6269. ℞. MHTPOΠO. KAICAPI. Victoire, allant à g., le pied sur un globe; dans le champ, ET. R. Æ⁴ 8 fr.

6274. Même tête. ℞. Même lég. Gerbe de trois épis; dans le champ, ET. R. Æ⁶ 4 fr.

JULIA DOMNA (an 5).

6275. IOYΛIA. ΔOMNAC. C. Buste de Julia Domna, à dr. ℞. MHTPOΠO. KAICAPI. ET. E. Type du n° 6269.
Æ⁴ B. 12 fr.

CARACALLA (an 2).

6276. .... ANTΩNINOC. Buste lauré et drapé de Caracalla, à dr. ℞. MHTPOΠOΛ. KAICAPIAC. NEΩKOPOY. ET. B. Le mont Argée, surmonté de trois statues; au bas, une entrée à trois arcades. Æ⁹ 1/2 B. 20 fr.

An 3.

6277. AY. KAI. M. AYPHΛI. ANTΩNINOC. Buste lauré de Caracalla, les épaules nues, à dr. ℞. MHTPOΠ. KAICAPEI. Mont Argée, surmonté d'une étoile sur un autel. Æ⁸ 6 fr.

An 5.

6278. M. AYPH. ANTΩNEI. Buste à tête nue et drapé, à dr. ℞. MHTPOΠO. KAICARIA. ET. E. Le mont Argée, surmonté d'une étoile, dans le champ croissant. Æ⁴ 5 fr.

An 10.

6279. Tête et rev. du n° 6277. ET. I. Æ⁸ F. 2 fr.

An 13.

6280. La même, avec ET. IΓ. Æ⁸ 3 fr.

An 16.

6281. M. AYPH. ANTΩNINOC. Tête laurée, à dr. ℞. Celui du n° 6278. ET. IS. Æ⁴ F. 3 fr.

An 18.

6282. Même tête. ℞. ΜΕΤΡΟ. ΚΑΙCΑΡ. ΝΕΟΚ. ΕΤ. ΙΕ. même type. ℞⁴ B. 12 fr.

GÉTA (an 3).

6283. Λ. CEΠΤΙΜΙΟC. ΓΕΤΑC. ΚΑΙ. Buste à tête nue de Géta, à dr. ℞. ΜΗΤΡΟΠ.... Le mont Argée sur un autel. Æ⁹ 4 fr.

6284. La même, la tête laurée, ET. Γ. Æ⁷ F. 2 fr.

MACRIN ET DIADUMÉNIEN (an 2).

6285. ΑΥ. Κ. Μ. ΟΠ. CEOΥΗ. ΜΑΚΡΕΙΝΟC. Μ. ΟΠ. ΔΙΑΔΟΥ. Bustes affrontés de Macrin et Diaduménien. ℞. ΜΗΤΡΟΠΟ. ΚΑΙCΑΡΙΑC. ΝΕΟΚΟΡΟΥ. ΕΤ. Β. Le mont Argée ; au pied, un temple tétrastyle entre deux urnes des jeux. Æ¹¹ B. 50 fr.

ÉLAGABALE (an 1).

6286. ΑΥ. Κ. Μ. CEOΥΗ. ΑΝΤΩΝΙΝΟC. Buste lauré et drapé, à dr. ℞. ΜΗΤΡΟΠΟ. ΚΑΙCΑ. Le mont Argée sur un autel; sur la plinthe, ET. Α. Æ⁷ F. 2 fr.

An 2.

6287. ΑΥ. Κ. Μ. ΑΥΡΗΛΙ. ΑΝΤΩΝΙΝΟC. Même buste. ℞. ΜΗΤΡΟΠΟ. ΚΑΙCΑΡΙΑ, ET. Β. Æ⁷ 2 et TB. 10 fr.

6288. Le même, avec tête radiée et ΝΕΩΚΟ. au ℞. Æ⁷ 3 fr.

SÉVÈRE ALEXANDRE (an 1).

6289. Μ. ΑΥΡΗ. CEOΥΗ. ΑΛΕΞΑΝΔΡΟC. Buste lauré et drapé, à dr. ℞. ΜΕΤΡΟΠ. ΚΑΙCΑΡΙ. Le mont Argée sur un autel; sur la plinthe, ET. Α. Æ⁷ 3 fr.

6290. Même lég. Buste lauré et armé, à g. ℞. ΜΕΤΡΟΠΟ. ΚΑΙCΑΡΑ. ΝΕΩΚΟΡΟΥ. ΕΤ. Α. Type du n° 6285. Æ¹⁰ 10 fr.

An 3.

6291. ΑΥ. Κ. CEOΥΗΡ. ΑΛΕΞΑΝΔΡΟC. Buste lauré et drapé, à dr. ℞. ΜΗΤΡΟ. ΚΑΙCΑΡ. Le mont Argée, surmonté d'une couronne, ET. Γ. Æ⁷ 1 et 2 fr.

6292. La même, le buste les épaules nues. Æ⁷ B. 3 fr.

6293. Même buste. ℞. Même lég. Temple; au milieu le mont Argée.   Æ⁷ F. 1 fr.

6294. Même buste. ℞. Même lég. Gerbe de trois épis.   Æ⁵ 50 c, et 1 fr.

6295. Même lég., buste radié, à dr. ℞. MHTPOΠ. KAIC. ET. Γ. Quatre épis sur un autel.   Æ⁶ 2 fr.

An 4.

6296. Lég. et buste du n° 6291. ℞. Celui du n° 2691, ET. Δ.   Æ⁷ 1 et 2 fr.

6297. La même, tête de Sévère, radiée.   Æ⁷ 2 fr.

6298. AYT. CE. AΛEΞAN. Buste lauré et drapé, à dr. ℞. Celui du n° 6294, ET. Δ.   Æ⁵ 1 fr.

An 5.

6299. Type du n° 6296, ET. E.   Æ⁷ 2 fr.

6300. AY. K. CEOY. AΛEΞAN. Tête laurée, à dr. ℞. Celui du n° 6294, ET. E.   Æ⁵ 1 fr.

An 7.

6301. La même, avec ET. Z.   Æ⁵ 1 et 2 fr.

6302. Buste du n° 6291. ℞. MHTPOΠ. Φ. ET. Z. Le mont Argée.   Æ⁷ 2 fr.

An 8.

6303. Type du n° 6300. ET. H.   Æ⁵ 1 et 2 fr.

GORDIEN III (*an 4*).

6304. AY. K. M. ANT. ΓOPΔIANOC. CE. Tête laurée, à dr. ℞. MHTPO. KAICAP. ET. Δ. Le mont Argée sur un autel.   Æ⁷ 3 fr.

6305. Même tête. ℞. MHTPO. KAIC. B. N. ET. Δ. Le mont Argée sur un autel; sur la plinthe, ENTI. Æ⁷ 3 fr.

An 7.

6306. Même lég., buste lauré et drapé, à dr. ℞. MHTP. KAIΣ. NE. ET. Z. Corbeille remplie d'épis.   Æ⁶ 3 fr.

TYANA (*Tiana*).

6307. IOYΛ. ΔOMNA. AYΓ. Buste de Julia Domna, à dr. ℞. ANT. KOΛΩ. TYANEΩN. ET. IS. (an 16). Esculape et Hygiée deb.; au milieu, Télesphore.   Æ⁹ 20 fr.

REGES CAPPADOCIAE.

ARIARATHES IV. (220 *à* 163 *av. J.-C.*).

6308. Tête diadémée du roi, à dr. ℞. ΒΑΣΙΛΕΩΣ. ARIA-ΡΑΘΟΥ. ΕΥΣΕΒΟΥΣ. ΓΛ. (an 33). Pallas deb., à g., tenant la haste et le bouclier de la g. ; sur la dr., une Victoire ; dans le champ, 3 monogr.   Æ⁴   4 et 8 fr.

6309. La même ; dans le champ, ΠΑΤΦ en monogr., et A. ΔΙ.   Æ⁴   8 fr.

6310. Autre, ΠΑΤΦ. A. Φ. ΔΝΙ.   (trouée.) Æ⁴   5 fr.

6311. Autre, ΠΑΤΦ. ΜΗΤ. T.   Æ⁴   8 fr.

6312. Autre, ΠΑΤΦ. ΗΡ. Δ.   Æ⁴ B.   10 fr.

6313. Autre, ΠΑΤΦ. T. Δ.   Æ⁴   8 fr.

6214. Autre, ΠΑΤΦ. I. X.   Æ⁴   6 fr.

ARIARATHES V, EUSÈBE PHILOPATOR (163 *à* 130 *av. J. C.*).

6315. Tête diadémée du roi, avec tous les cheveux bouclés. ℞. Le même ; dans le champ, ΠΛ. ; à l'exergue B (an 2).   Æ⁴   6 et 10 fr.

6316. Autre, ΠΑΤΦ. ΠΟΓ. Date rognée.   Æ⁴   10 fr.

6317. Autre, ΠΑΤΦ. T. Date rognée.   Æ⁴   8 fr.

ARIARATHES VI, EPIPHANE (130 *à* 96 *av. J. C.*).

6318. Tête diadémée du roi, à dr. ℞. ΒΑΣΙΛΕΟΣ. ΑΡΙΑ-ΡΑΘΟΥ. ΕΠΙΦΑΝΟΥΣ. Même type ; dans le champ, A. Δ. ; à l'exergue, ΕΙ. (an 15.)   Æ⁴   10 fr.

6319. La même, date effacée ; dans le champ, trois monog.   Æ⁴   8 fr.

6320. Autre, dans le champ, ΤΔ.   Æ⁴   8 fr.

6321. Autre, dans le champ, M. ; à l'exergue, ΓΛ. (an 33).   Æ⁴   12 fr.

ARIARATHES VII, PHILOMETOR (95 *à* 93 *av. J. C.*).

6322. Tête diadémée de Philometor, à dr., tous les cheveux bouclés. ℞. ΒΑΣΙΛΕΟΣ. ΑΡΙΑΡΑΘΟΥ. ΦΙΛΟΜΗ-ΤΟΡΟΣ. Même type ; dans le ch., O. M. N.   Æ⁴ B. 20 fr.

ARIOBARZANES Iᵉʳ (93 *à* 63 *av. J. C.*).

6323. Tête diadémée du roi, dans un âge avancé, à dr. ℞. ΒΑΣΙΛΕΩΣ. ΑΡΙΟΒΑΡΖΑΝΟΥ. ΦΙΛΟΡΟΜΑΙΟΥ. Même

type; dans le champ, ΔΝΙ en monogr.; à l'exergue, ΙΔ
(an 14).   Æ⁴ B.   8 fr.
6324. Autre; dans le champ, A. ΠΑ en monogr.; à l'exergue, ΙΔ (an 14).   Æ⁴   5 fr.
6325. Autre, ΜΙΡ. en monog. et ΔΙ (an 14).   Æ⁴ 5 et 8 fr.
6326. Autre, ΔΙΩ en monogr.; à l'exergue, ΙΕ (an 15).
                                            Æ⁴ B.   6 fr.
6327. Autre, ΔΙΡ (?) en monogr.; à l'exergue, ΙΕ (an 15).
                                            Æ⁴ B.   6 fr.
6328. Autre, ΧΑΡ en monogr. ; à l'exergue, ΚΑ (an 21).
                                            Æ⁴   3 et 6 fr.
6329. Autre, ΧΑΡ en monogr.; à l'exergue, ΚΒ (an 22).
                                            Æ⁴   4 fr.
6330. Autre, ΠΑ en monogr.; à l'exergue, ΚΒ (an 22).
                                            Æ⁴ ΤΒ.   10 fr.
6331. Autre, ΠΑΤΡ en monogr.; à l'exergue, ΚΕ (an 25).
                                            Æ⁴   6 fr.
6332. Autre, monogramme indéchiffrable; à l'exergue, ΚΣ
(an 26).   Æ⁴   3 et 6 fr.
6333. Autre, ΓΑ en monogr. ; à l'exergue, Λ (an 30).
                                            Æ⁴   3, 4 et 6 fr.
6334. Autre, ΓΑ en monogr.; à l'exergue, ΛΑ (an 31).
                                            Æ⁴   6 fr.
6335. Autre, ΓΑ en monogr.; à l'exergue, ΒΑ (an 32).
                                            Æ⁴   6 fr.
6336. Autre, ΤΑΜ en monogr. Date effacée.   Æ⁴ 3 et 4 fr.
6337. Autre, ΤΑ en monogr. Date effacée.   Æ⁴   3 et 5 fr.
6338. Autre, ΠΑΡΩ en monogr. Date effacée.   Æ⁴   3 fr.
6339. Autre, ΝΑΡ en monogr. Date effacée.   Æ⁴ B.   6 fr.
6340. Autre, ΧΑ en monogr. Date effacée.   Æ⁴ B.   4 fr.

ARIOBARZANES II, PHILOPATOR (66 à 52 av. J. C.).

6341. Tête diadémée du roi, à dr. ℞. ΒΑΣΙΛΕΩΣ. ΑΡΙΟ-
ΒΑΡΣΑΝΟΥ. ΦΙΛΟΠΑΤΟΡΟΣ. Même type; à l'exergue,
H (an 8). (Méd. fourrée.)   Æ⁴   20 fr.
6342. La même; le mot ΦΙΛΟΠΑΤΟΡΟΣ rogné. Æ⁴ 10 fr.

ARIOBARZANES III (51 à 42 av. J. C).

6343. Tête barbue et diadémée du roi, à dr. ℞. ΒΑΣΙΛΕΩΣ
ΑΡΙΟΒΑΡΣΑΝΟΥ. ΕΥΣΕΒΟΥΣ. ΦΙΛΟΡΩΜΑΙΟΥ. Même

type ; dans le champ, croissant et étoile ; AMH en mon.
à l'exergue Θ (an 9).   Æ⁴   6 et 10 fr.

6344. La même, avec ΙΑ (an 11) à l'exergue. Æ⁴ 5 et 8 fr.

6345. La même, la date rognée.   Æ⁴   3 fr. et B. 6 fr.

ARIARATHES IX (42 à 36 av. J. C.).

6346. Tête barbue et diadémée du roi, à dr. ℞. ΒΑΣΙΛΕΩΣ
ΑΡΙΑΡΑΘΟΥ. ΕΥΣΟΒΟΥΣ. ΚΑΙ. ΦΙΛΑΔΕΛΦΟΥ. Même
type ; dans le champ, un trophée et ΑΘΕ.   Æ⁴ B   60 fr.

ARCHELAUS (36 av. J. C. à l'an 17 de J. C.)

6347. Tête diadémée d'Archelaüs, à dr., dans une cou
ronne. ℞. ΒΑΣΙΛΕΩΣ. ΑΡΧΕΛΑΟΥ. ΦΙΛΟΠΑΤΟΡΟΣ
ΤΟΥ. ΚΤΙΣΤΟΥ. Massue ; dans le champ, ΜΑ (an 41).
                                        Æ⁴   30 et B. 60 fr.

6348. La même ; avec ΜΒ (an 42).   Æ⁴ B.   60 fr.

PIÈCES BARBARES DU MÊME PAYS.

6349. Tête diadémée d'un roi, à dr. ℞. ΙΣΙΛΟΣ. VNIVOO.
ΡΛΟΣΙΟΥ. Type de la Pallas ; dans le champ, Ο. Μ. Λ.
                                        Æ⁴   5 fr.

6350. Autre tête. ℞. Υ : ΖΛΟΛΙ........ ΛVΝΙΛV. Même
type ; dans le champ, ΜΟ.   Æ⁴   5 fr.

ARMENIA.

ARSCHAM (ARSAMES), roi vers 245 av. J. C.

6351. Tête barbue du roi, à g., coiffé d'un bonnet pointu.
℞. ΒΑΣΙΛΕΩΣ ΑΡΣΑΜΟΥ. Victoire, à dr., tenant palme
et couronne.   Æ³ B.   150 fr.

Voir, pour les autres monnaies de cette contrée, le règne
de Tigrane, aux rois de Syrie, et celui de Vonones, aux rois
Parthes, et aussi les rois d'Édesse en Mésopotamie.

FIN DE LA DEUXIÈME PARTIE.

PARIS. — IMP. PILLET FILS AÎNÉ, RUE DES GR.-AUGUSTINS, 5.